LE PAYS LATIN

DRAME EN CINQ ACTES MÊLÉ DE CHANT

Tiré du roman de **HENRY MURGER**

PAR

MM. DUNAN-MOUSSEUX MAREUGE ET FRÉDÉRIC VOISIN

REPRÉSENTÉ POUR LA PREMIÈRE FOIS, A PARIS, SUR LE THÉATRE DES FOLIES-DRAMATIQUES, LE 24 OCTOBRE 1863.

DISTRIBUTION DE LA PIÈCE :

ÉDUARD DE SIVRY, étudiant	MM. Ad. Paër.	FOLLEMÈCHE	M. Henry.
FRÉDÉRIC, étudiant	Milher.	MARIANNE	Mmes Philippe.
ALBERT, étudiant	Saverny.	CLAUDINETTE, coloriste	Adorcy.
ENCE, étudiant	Bertrand.	MADAME D'ESPARVILLE, sœur d'Albert	
PETIT-LOUIS, garçon d'auberge	Hoffmann.	de Brévaunes	Darcemont.
ROBERT, marinier	Millet.	REMY, étudiant	Kid.
MARTIN, marinier	Markais.	RISETTE, fleuriste	Ch. Bardy.
JEAN DUCLOS, aubergiste	Vigny.	ZOÉ (dite Zozo)	Angèle Legrand.
PIERRE, marinier	Blanquin.	MARINIERS, ÉTUDIANTS, CANOTIÈRES, OUVRIÈRES, ETC.	

— Tout droits réservés —

ACTE PREMIER

LE CABARET DE *la Bonne Cave.*

Un cabaret au bord de la Seine, au bas Meudon. A droite, le cabaret. On lit sur l'enseigne : *A la bonne cave, matelottes et fritures.* Tables rustiques dans le jardin. Une tonnelle à gauche.

SCÈNE PREMIÈRE.

JEAN DUCLOS, ROBERT, MARTIN, PIERRE, PETIT-LOUIS, MARINIERS.

Au lever du rideau, les mariniers boivent à plusieurs tables. Jean Duclos, le verre en main, trinque avec eux; Petit-Louis les sert.

CHŒUR.

Air nouveau de M. ORAY.

TOUS.
Viv' la piquette et vive un gai refrain !...
Voilà ce qui met l' cœur en train !

MARTIN.
Au travail, jamais on ne boude ;
Mais aussi pour lever le coude
Nous voilà prêts !...
Puis, qu'un freluquet nous taquine,
Gare la casse, son échine
Paîra les frais !
Allons, enfants, encore une bouteille :
Le vin nouveau, ça réchauffe et réveille !

ENSEMBLE.

RÉPRISE DU CHŒUR.

Viv' la piquette, etc., etc.

TOUS, criant, frappant de leurs verres sur les tables. A boire ! à boire !...
PETIT-LOUIS. Voilà ! voilà !
ROBERT, à Petit-Louis. Allons, clampin, un litre, et du même.
Il est gentil, ce petit vin! (Petit-Louis sort.)
MARTIN. Un vrai agneau en bouteilles, quoi.

PIERRE. Ça n'empêche pas qu'il vous tape à l'œil comme une jolie fille !
ROBERT. A propos de jolie fille, dites donc, Bourguignon, est-ce que votre cousine Marianne est invisible aujourd'hui ?
DUCLOS. Elle a vu le ciel bleu ce matin, et elle est allée passer un cotillon neuf.
MARTIN. Le fait est qu'elle est terriblement coquette !
ROBERT. Et avec ça, jamais pressée de nous servir !...
MARTIN. Surtout quand il vient ici des Parisiens, nous autres, mariniers, c'est toujours notre tour d'attendre.
DUCLOS. Vous savez bien qu'il y a quelques pratiques qu'on est parfois obligé de ménager.
ROBERT. Les canotiers, n'est-ce pas ?... un tas de propres à rien avec des noms à faire dresser les cheveux sur la tête : Cancan, Soif-à-Mort, La-i-tou !...
PETIT-LOUIS, qui apporte le litre et le pose sur la table de Robert. Dites donc, m'sieu Robert, c'est-il des noms français, ça ?
ROBERT. Eh ! non !... c'est des mots égyptiens qu'ils ont pris pour sobriquets, avec quoi ils viennent ici danser et brailler à faire évanouir les poissons dans la rivière !... (Petit-Louis vient s'asseoir sur le devant de la scène, et se met à éplucher les légumes dans un grand panier ad hoc.)
DUCLOS. Bah ! histoire de rire.
ROBERT. Eh bien qu'ils y viennent rire avec moi !... nous ne rirons peut-être pas sur le même ton ; s'ils amènent l'orage, aura la pluie de coups de poing !...
DUCLOS. Mauvaise tête !...
ROBERT. Possible. Vous verrez si ça ne vous jouera pas quelque vilain tour à l'endroit de la Marianne !... Ils arriveront bien à l'affoler avec leurs grands mots !
DUCLOS. C'est des idées que vous vous faites !
ROBERT. Des idées !... des idées !...

Air : *L'Eau coule pour tout le monde.*

J'ai pris ces mauvais garnements
Causant de près à la fillette,
Et vous verrez leurs compliments
Finir par lui tourner la tête.
Vous la croyez en sûreté,
Et moi, je ne vous crois pas sage,
Car lorsqu'il sent la liberté,
Il est toujours quelque côté
Par où l'oiseau sort de sa cage !

DUCLOS. Soyez donc tranquille, j'ai l'œil sur elle. (Allant appeler au fond.) Marianne ! Marianne !
MARIANNE, au dehors. Voilà ! voilà, cousin !
ROBERT. C'est comme pour nous ; elle répond bien, mais elle ne vient jamais !
PETIT-LOUIS, à part. Rage, rage, mon bonhomme ! Tu es vexé parce que tu lui as fait la cour et qu'elle n'a pas voulu de toi, et c'est bien fait !... Un joli mari qu'elle aurait eu là, la pauvre fille !...
DUCLOS, appelant avec colère. Marianne !
MARIANNE, au dehors. Mais me voilà, mon cousin, me voilà !

SCÈNE II.

LES MÊMES, MARIANNE.

MARIANNE, entrant par la porte du cabaret, à droite. Qu'y a-t-il donc, mon cousin ?... Est-ce que le feu est à la maison ?...
DUCLOS, avec humeur. Il y a... il y a que la place est ici, et pas ailleurs... Que diable as-tu à faire, depuis deux heures, dans ta chambre ?
MARIANNE. Deux heures !... Je n'ai pris que le temps de passer une robe !
DUCLOS. Oui... et de te mirer sur toutes les coutures.
MARIANNE. Ah ! dame... écoutez donc !...

Air de *l'Âme en peine.*

En vérité, mon miroir est aimable ;
Toutes les fois que j'y porte les yeux,
Il me sourit ; suis-je donc bien coupable...
Si je lui rends son accueil gracieux ?
Il dit tout bas : Je vous trouve gentille ;
Je lui réponds : Vous êtes un flatteur !
Il continue, et de fil en aiguille,
J'arrive à voir qu'il n'est pas trop menteur !...

DUCLOS. C'est ça de la coquetterie !...

MARIANNE.
Même air.

Quand le bon Dieu nous envoie, à mains pleines,
Son beau soleil qui rend la vie aux fleurs
Les fleurs se font belles comme des reines
Pour rendre hommage à ses dons créateurs.
Quand le matin, dans ma chambre, étincelle
Un chaud rayon brillant d'or et de feu,
Comme les fleurs, si je veux être belle,
Croyez-le bien, c'est pour plaire au bon Dieu !...

DUCLOS. Ta, ta, ta ! tout cela ne me va pas. Tu es bien trop coquette ; et puis, quand il vient ici des canotiers à ris, tu pourrais t'occuper un peu moins d'eux et un peu des autres pratiques.
MARIANNE. Mais ces jeunes gens font beaucoup de dépense ici.
DUCLOS. La dépense, c'est bon... qu'ils en fassent tant voudront, je ne m'en fâche pas. Ce qui me fâche, c'est profitent de ça pour te regarder de trop près... et que laisses faire.
MARIANNE. Je les sers de mon mieux, voilà tout.
DUCLOS. Si jamais je te vois prêter l'oreille à leurs far et négliger les clients habituels, prends garde à toi !... T que tu ne possèdes rien, que tu n'as plus ni père ni m
MARIANNE, tristement. Oh ! c'est mal à vous de m'en faire venir ! Je sais que je suis seule au monde ; sans cela, serais-je ici... servante ?
DUCLOS. Tu étais sans ressources ; je t'ai recueillie, à dire par charité, et c'est à moi le pain que tu manges vois qu'il n'y a pas de quoi prendre de l'orgueil, et t feras bien de ne pas trop m'échauffer la bile.
ROBERT, ironiquement. Allons donc, père Vernis !... Est-ce n'y a pas des princes pour toutes les jolies filles !... Et quoi donc que mam'zelle Marianne n'attendrait pas le tout comme une autre ?... Pas vrai, mam'zelle, qu'un ri comme moi à la main trop noire pour y placer votre fraîche ?... (Marianne remonte la scène.)
PETIT-LOUIS, à part. Pardine !... Pourquoi qu'il ne dem pas tout de suite aux goujons d'aller se mettre eux-m dans la poêle à frire !... (On entend crier au dehors : « Ohé Glampsue ! Ohé !... » — Musique à l'orchestre jusqu'à l'entrée et a des canotiers.)
MARTIN. Bon ! voilà les marins d'eau douce !... Ils tom pic !...
PIERRE. Ma foi, j'aime mieux leur céder la place ! Rie de les voir, ça me tourne les sangs... Viens-tu, Robert ?
ROBERT. Je vous suis. (À part.) J'ai mon idée... je ne vas pas loin. (Haut.) Partons !...

ENSEMBLE.

Air de *la Corde sensible.*

Allons, qu'on retourne à l'ouvrage !
Le travail après le repos ;
La tâche faite avec courage
Pour le plaisir rend plus dispos !
ROBERT.
Allons, qu'on retourne à l'ouvrage,
Pour l'instant, assez de repos ;
La tâche faite avec courage
Pour le plaisir rend plus dispos !

(Tous les marins sortent.)

DUCLOS. Vite !... Marianne ! Petit-Louis ! qu'on débarrasse toutes ces tables !...
MARIANNE. Oui, mon cousin. (Jean Duclos, Marianne, Pe débarrassent les tables, pendant que le chœur des canotiers se chante coulisse. Ils sortent, en emportant des bouteilles et des verres, avant l'entrée de l'équipage.)

SCÈNE III.

FRÉDÉRIC, LÉONCE, RÉMY, RISETTE, CLAUDINETT ÉTUDIANTS, CANOTIÈRES. Ils sont tous en canotiers et canotiè

CHŒUR.
Air nouveau de M. ORAY.

TOUS.
Dans notre périlleux voyage,
Voguant vers ces bords étrangers,
Nous avons tous, avec courage,
Triomphé de mille dangers !
RÉMY.
Sous le canon des invalides,
D'abord, tout tremblants, nous passons ;
Plus loin, deux pêcheurs intrépides
Lancent sur nous leurs hameçons !

LÉONCE.
Une dame, perdant l'haleine,
Pousse un cri du plus beau fausset ;
— Mais qu'avez-vous ?... C'est la baleine !...
— De Jonas ?... — Non, de mon corset !...
FRÉDÉRIC.
A peine avions-nous fait carnage
D'un goujon pris pour un requin,
Qu'on aperçut sur le rivage
Un créancier tout en nankin !
CLAUDINETTE.
Ainsi, l'âme bouleversée
Et l'estomac dans le talon,
Nous avons fait la traversée
Du pont Marie au bas Meudon !...

TOUS. Et voilà !
FRÉDÉRIC, remettant à Rémy une vareuse. Tiens, mousse, porte ça à la cambuse.
LÉONCE, remettant à Rémy une vareuse. Mousse, je te confie mes ornements. Tu en réponds... (Il lui enfonce son chapeau sur la tête.) sur ta tête!
CLAUDINETTE, lui remettant un manteau. Mousse, voici mon saute-en-barque... Ayez soin qu'il soit accroché.
RÉMY. Il l'est dans mon cœur, mademoiselle Claudinette.
(Chacun des canotiers a remis un effet à Rémy, qui disparaît sous la charge et se plaint entre ses dents.)
FRÉDÉRIC, à Rémy. Silence dans les rangs !
ZOÉ, remettant à Rémy une paire de caoutchoucs. Tenez, amour de mousse, mousse d'amour, je vous confie mes caoutchoucs... Ayez pour eux les égards dus à de vieux serviteurs, ou sinon vous êtes frit, mousse!...
TOUS. Crac !
RÉMY. Oh ! mais j'étouffe, là-dessous!...
FRÉDÉRIC. Je crois que le mousse murmure... Serait-il las de son grade?...
RÉMY. Ce n'est pas de mon grade que je suis las, c'est de ce que je porte!... Si c'est toujours comme ça, l'emploi de mousse!...

Air : *Toi, n'importe ce qui s'passe* (DÉSESPOIR DE JOCRISSE).

Je croyais, en passant mousse,
Prendre un plus charmant état.
Tour à tour chacun me pousse :
Par ici, mousse, par là !...
Mille autres choses !
Métier trompeur,
S'il n'y pouss' pas que des roses,
Ce n'est pas faut' de chaleur!...

FRÉDÉRIC. Ah çà ! mes enfants, est-ce qu'il ne sonne pas creux dans vos estomacs de canotiers?
CLAUDINETTE. Le mien sonne le tocsin!...
LÉONCE. Je me suis senti maigrir de six livres en passant sous le pont de l'Alma!...
ZOÉ. Moi, mes petits agneaux, je défaille... Je sens que je vais m'évaporer... Je prendrais volontiers la moindre des choses, une assiettée de tapioca ou de choux!...
TOUS. Crac !
FRÉDÉRIC. Donc, équipiers, vous êtes d'avis qu'en toutes choses, il faut considérer la faim?...
TOUS. Oui!... oui!...
FRÉDÉRIC, appelant. Ohé ! des fourneaux, ohé !... L'aubergiste sur le pont!... Un aviron d'honneur à qui rapportera l'aubergiste !...
TOUS, sur l'air des lampions. L'aubergiste ! l'aubergiste !...

SCÈNE IV.

LES MÊMES, JEAN DUCLOS.

DUCLOS. Voilà ! voilà, messieurs !... Qu'y a-t-il pour votre service ?...
FRÉDÉRIC. Patron de la *Bonne Cave*, avancez et renseignement. Vous voyez devant vous les naufragés de la *Méduse*, aussi affamés que s'ils avaient dîné à quatre-vingts centimes, six plats au choix, une demi-bouteille de vin et pain à discrétion, n'est-ce pas, vous autres?...
TOUS, cri maritime. Oh! hisse!...
FRÉDÉRIC. La *Bonne Cave* a-t-elle de quoi nous ravitailler?...
DUCLOS. J'ai tout ce qu'il faut pour ça !
FRÉDÉRIC. Un ban pour la *Bonne Cave*!...
TOUS, frappant avec accord dans leurs mains. A l'abordage!...
FRÉDÉRIC. Maître Coq, attention au menu!...

Air : *Saltarelle*.

FRÉDÉRIC, face à face avec Duclos.
Suivez-moi !... Voici l'ordre à suivre :
Le premier service est suivi

Du second que suit, pour bien vivre,
La suite suivant à l'envi !...
Ensuite, pour que l'on s'essuie,
Du linge très-blanc, je poursuis;
Qu'aucun mets ne soule la suie !
Tout au comptant, et je le suis !
RISETTE, faisant retourner Duclos de son côté.
Servez d'abord un vrai potage
Où la cuiller tienne debout !
Puis, où le parfum du fromage
Le dispute au parfum du chou !...
FRÉDÉRIC, faisant retourner Duclos.
Pour peu que vous soyez habile,
D'une lieue on le sentira.
S'il est épais, surtout s'il file,
Vous verrez comme il filera !
ZOÉ, même jeu.
Faites-nous une matelotte,
Pour des marins c'est de rigueur ;
N'y ménagez pas l'échalotte,
Car l'oignon ne me fait pas peur.
Joignez à la carpe une anguille,
Surtout de mer, j'y tiens beaucoup,
Car l'anguille de mère... en fille,
Dans ma famille, on en est fou !...
LÉONCE, même jeu.
Moi, je voudrais de la morue,
C'est le seul poisson de mon goût !
Je ne mords pas à la barbue,
Et le goujon sent trop l'égout !...
La raie est bonne pour ma nuque ;
C'est trop commun, les éperlans,
Et pour ceux qui portent perruque,
Il faut bien laisser les merlans !
CLAUDINETTE, même jeu.
Je veux un lapin de garenne,
Mort d'un vrai plomb dans un vrai bois
Car il ou est qu'à moins de peine
On tue aux plombs, c'est sur les toits !
Faites donc une gibelotte
Avec un joli lapereau,
Mais avec le plat, mon cher hôte,
Il faudra nous servir la peau !
ZOÉ, même jeu.
Au dessert, comme friandise,
Le Roquefort de l'amitié.
LÉONCE, même jeu.
Et surtout que la marchandise
Ne marche pas seule à moitié.
RÉMY, même jeu.
Que le vin soit de la comète ;
On boira plus s'il n'en est rare !
FRÉDÉRIC, même jeu.
Enfin, que chacun soit pompette
Bien avant la fin du repas.

ENSEMBLE.

REPRISE DU CHŒUR.

Suivez-moi, voici, etc.

DUCLOS. Dans une demi-heure, tout ça sera fait et parfait!...
ZOÉ. Pourvu que nous ne le soyons pas... refaits !
TOUS. Crac !
LÉONCE. A l'eau, Zozo ! pour lui fermer la bouche !...
ZOÉ. A l'eau !... si vous étiez intelligent, vous diriez plutôt : au Madère ! ça ferme la bouche et ça ouvre l'appétit !...
FRÉDÉRIC. Vous l'avez dit, vertueuse Zozo, le Madère est le portier de l'estomac. (Criant.) Garçon ! un Madère ! terrasse !...
PETIT-LOUIS, en dehors. Bon !...
CLAUDINETTE. Moi, j'adore ce vin-là !...
RÉMY. Oh ! alors, Claudinette, appelez-moi Madère !
FRÉDÉRIC. Encore !... silence donc, le mousse !...

SCÈNE V.

LES MÊMES, PETIT-LOUIS. Il entre, portant une bouteille de Madère.
FRÉDÉRIC, à Petit-Louis, en lui prenant la bouteille des mains. Qu'est-ce que c'est que ça ?
PETIT-LOUIS. Ça, c'est une bouteille !...
TOUS. Ah !...
FRÉDÉRIC. C'est une trompette !...
PETIT-LOUIS. Une trompette ?...
FRÉDÉRIC. Regarde un peu comme on sonne de cet instrument-là dans le corps des pompiers de la basse Seine !...

Air : *Ma nièce et mon ours*.

La bouteille est une trompette
Dont on sonne comme cela ;

Et si son son casse la tête
On ne devient pas sourd pour ça,
Grâce à l'instrument que voilà,
Car il entre dans l'estomac
Comme dans le nez, le tabac!

Sonnons donc! sonnons donc!
Sonnons, oui, sonnons à tue-tête,
Sonnons dans bouteille ou bidons,
Sonnons, sonnons une partie,
Le déjeuner sera prêt.
Sonnons, sonnons, sonnons, sonnons,
Bon! bon!

TOUS.
Sonnons donc, sonnons donc, etc.

SCÈNE VI.

LES MÊMES, MARIANNE, elle entre avec un panier contenant du linge et des couverts.

FRÉDÉRIC, à Marianne. Ah! ah! vous voilà, belle enfant? Vous allez nous mettre le couvert là; nous n'aurons pas l'éclat du soleil, et nous aurons celui de vos beaux yeux. Il n'y a que le soleil qui y perdra! (Marianne et Petit-Louis disposent les tables et commencent à mettre le couvert sous la tonnelle à gauche.)

ZOÉ. Est-ce que ça va être long, les apprêts du Balthazar?... J'ai faim comme un poëte.

LÉONCE. Et moi, comme un cheval.

ZOÉ. J'en ai la tête qui me tourne et il me semble que je vois les arbres se balancer.

PETIT-LOUIS. Si mademoiselle veut aller à la balançoire?...

ZOÉ. De quoi?...

PETIT-LOUIS. Qui est au fond du jardin; il y a aussi un tonneau; le temps de faire une partie, le déjeuner sera prêt.

TOUS. A la balançoire, Zozo, à la balançoire!...

ZOÉ. C'est égal! le moindre pâté de Chartres ferait bien mieux mon affaire...

RÉMY, à Claudinette. Ah! mademoiselle Claudinette, si vous vouliez...

CLAUDINETTE. Quoi donc, monsieur Rémy?

RÉMY. Vous me permettriez de vous balancer...

FRÉDÉRIC, s'approchant. Encore le mousse!... Par file à droite!... je vais te donner une leçon de tonneau... (Il pousse Rémy devant lui. — A Petit-Louis.) Toi, va voir si le potage mettra bientôt à la voile, et surtout prends garde de chavirer le ragoût, ou sinon... (Petit-Louis sort. — Les étudiants sortent en chantant.)

TOUS.
ENSEMBLE.
Air nouveau de M. Oray.

Les uns préfèrent le tonneau,
Et les autres la balançoire;
Mais celui qui gagne au tonneau
On l'envoie à la balançoire!

FRÉDÉRIC, qui est resté en arrière. Cruelle Claudinette, venez-vous essayer votre adresse, pendant que notre couvert est dressé par la main des grâces?...

CLAUDINETTE. Comme vous êtes poétique, aujourd'hui, monsieur Frédéric!...

FRÉDÉRIC. C'est mon habitude en dehors des fortifications, n'est-ce pas, Marianne?...

CLAUDINETTE. Marianne?... (On appelle au dehors : Frédéric!)

FRÉDÉRIC. Voilà!... (Il sort.)

SCÈNE VII.

MARIANNE, CLAUDINETTE.

CLAUDINETTE. C'est vous qui vous appelez Marianne?...

MARIANNE. Pour vous servir, mademoiselle....

CLAUDINETTE. Attendez donc... je ne me trompe pas... Vous êtes de Joigny?...

MARIANNE. En Bourgogne, oui, mademoiselle.

CLAUDINETTE. C'est bien cela... Comment, Marianne, c'est toi... mais embrasse-moi donc, alors.

MARIANNE. Vous embrasser?.. mais je...

CLAUDINETTE. Tu ne me reconnais pas?... Il n'y a pourtant que deux ans que j'ai quitté le pays : Claudine, la voisine, ton amie d'enfance.

MARIANNE. Claudine... Jayon?...

CLAUDINETTE. Moi-même!

MARIANNE. Est-il possible que ce soit vous?...

CLAUDINETTE. Encore vous...

MARIANNE. Vous avez donc fait fortune?

CLAUDINETTE. Fortune!.. ma pauvre Marianne, ma fortune est au bout de mes dix doigts... Je suis venue à Paris, sans argent; j'avais le caractère trop indépendant pour entrer au service des autres... je me suis faite coloriste.

MARIANNE. Mais ce costume?...

CLAUDINETTE. Ah! oui, je me déguise en canotière les jours où l'ouvrage ne va pas; mais, c'est égal, je serais bien plus heureuse si j'avais toujours gardé, comme toi, ma cornette et mon cotillon de paysanne; voyons, embrasse-moi, tutoie-moi! (Elles s'embrassent.) Il n'y a pas longtemps que tu es ici; je t'aurais déjà vue...

MARIANNE. Deux mois à peine.

CLAUDINETTE. Et tu ne regrettes pas Joigny?...

MARIANNE. Mon Dieu... non...

CLAUDINETTE. Ah! moi, j'y pense toujours, je me rappelle souvent notre enfance, ma bonne Marianne, comme nous nous aimions!...

MARIANNE. Comme deux sœurs!... (Chantant.)

Air : Je vous le dis en vérité.

De peu sachant nous contenter,
Nous partagions la moindre chose,
Tout, jusqu'au parfum d'une rose,
Tout, jusqu'à notre humble goûter.

CLAUDINETTE.

J'avais du pain, toi, du laitage,
Par moitié, vite, on échangeait.

MARIANNE.

Oui, la main faisait le partage,
Mais c'est le cœur qui partageait!...

CLAUDINETTE. Aussi, je ne t'ai pas oubliée, va; je t'aurais reconnue partout; tu es pourtant changée!...

MARIANNE. Tu trouves?...

CLAUDINETTE. Je crois bien; sais-tu que tu es jolie comme un ange...

MARIANNE. Que tu es bonne!...

CLAUDINETTE. Non, c'est vrai; voilà des yeux et une bouche dont on paierait cher un regard et un sourire. Ah! si ton cœur a battu déjà, celui que tu aimes doit faire plus d'un envieux!...

MARIANNE. Mais je n'aime personne.

CLAUDINETTE. Vraiment! Tu n'as jamais souhaité d'être aimée?...

MARIANNE. Jamais!...

CLAUDINETTE. Tu n'as pas rêvé quelquefois un amour qui te ferait riche, parée, heureuse?...

MARIANNE. Je suis heureuse comme je suis.

CLAUDINETTE. Tu n'as donc pas d'ambition?

MARIANNE. Pas d'autre que de travailler pour gagner ma vie, et n'être à charge à personne.

CLAUDINETTE. Belle et bonne naturel que tu as de bonheur de ne pas savoir ce que c'est que désirer. L'ambition, c'est notre perte!...

MARIANNE. Notre perte?

CLAUDINETTE. Ne parlons plus de cela; Dieu merci, je n'apprendrai pas ce que tu ignores, mais si tu le voulais puisque nous voilà réunies, je serais bien heureuse d'être ton amie, comme autrefois... Veux-tu?

MARIANNE. De tout mon cœur!...

CLAUDINETTE. Justement, je vais demain à Joigny; j'ai encore là-bas une bonne vieille tante qui m'a élevée; elle me fait demander de temps en temps; quand elle se sent souffrante elle est heureuse de m'avoir auprès d'elle; cela ne m'amuse guère, je comprends, mais je lui dois bien cela; et puis il y a un petit magot, tout petit, mais qui n'en sera pas moins le bienvenu, quand la brave femme n'en aura plus besoin. Je pars demain matin à six heures; si tu as quelque chose à faire dire là-bas, une lettre à porter...

MARIANNE. Je te remercie... je n'ai plus de parents à Joigny!...

CLAUDINETTE. Et ici?...

MARIANNE. Ici, je n'ai que mon cousin Duclos; c'est mon seul appui; et s'il venait à me manquer... je ne saurais que devenir.

CLAUDINETTE. Allons donc! est-ce que tu seras jamais seule maintenant... je ne te vaux pas, ma bonne Marianne, mais le cœur d'une Bourguignonne, vois-tu, c'est comme une pêche : le fruit peut se gâter, le noyau reste bon. Il y a là un petit noyau dont la moitié sera toujours à toi, si tu ne me refuses pas ton amitié...

MARIANNE. Chère Claudine!...

DUCLOS, en dehors. Eh bien!... et ton couvert, Marianne, sempiternelle bavarde!...

MARIANNE. On y va!... on y va!... (Elle continue à mettre le couvert.)

CLAUDINETTE. Il a l'organe aimable, ton cousin!... (Bruit et rires dans la coulisse.)

SCÈNE VIII.

LES MÊMES, FRÉDÉRIC, LÉONCE, RÉMY, RISETTE, ZOÉ, ÉTUDIANTS, CANOTIERS. Rémy entre, soutenu par Risette et Zoé.

CLAUDINETTE, s'approchant. Qu'y a-t-il donc?...
ZOÉ. Monsieur qui a voulu faire de la haute école sur la balançoire!...
RISETTE. Et qui a lâché les étriers!...
CLAUDINETTE. Vous n'êtes pas blessé, monsieur Rémy?...
RÉMY, assis à droite. Merci, la tête n'a pas porté!...
LÉONCE. Où te sens-tu mal, mousse?...
RÉMY. Au cœur!...
FRÉDÉRIC. Bah! vingt-quatre heures de diète, et il n'y paraîtra plus!...
RÉMY, se levant aussitôt. La diète!... mais ça va mieux... ça va bien mieux, monsieur Frédéric!...
FRÉDÉRIC, à Marianne. Dites-moi, belle enfant, vous mettez onze couverts?...
MARIANNE. Dix seulement, monsieur...
ZOÉ. Nous ne sommes que dix, mais je mangerai bien pour deux... ça fait onze.
FRÉDÉRIC. Et le capitaine que vous oubliez!... Édouard de Sivry, dit Caïman, rien que ça. Marianne, un couvert de plus, et un d'honneur pour le capitaine... (Marianne sort.)
ZOÉ. Tiens! c'est vrai... il s'est sauvé si vite en abordant, que je l'avais oublié, notre beau capitaine...
CLAUDINETTE. Où diable a-t-il pu courir ainsi tout seul?...
En voilà un garçon qui est changé depuis quelque temps!...
LÉONCE. Autrefois le plus joyeux équipier du canot; le boute-en-train de toutes les parties, le héros de toutes les fêtes.
FRÉDÉRIC. Et maintenant silencieux comme un violon sans cordes et rare comme une pièce de cent sous...
ZOÉ. Dans votre poche.

TOUS, chantant.
Quel est donc ce mystère?...

FRÉDÉRIC. Ce mystère, je le sais, et si vous voulez le connaître...
TOUS. Oui, oui!...
FRÉDÉRIC, après une pause. Au fait, non! c'est indiscret...
TOUS. Le mystère!... Le mystère!...
FRÉDÉRIC. Dès l'instant que vous insistez... Eh bien!...
TOUS. Eh bien?...
FRÉDÉRIC. Il est amoureux!
TOUS. Ah!...
ZOÉ. Amoureux pour de vrai?...
FRÉDÉRIC. De vrai, de vrai, de vrai!...
CLAUDINETTE. Et de qui?...
ZOÉ. De moi, parbleu!...
FRÉDÉRIC. Zozo, pas de plaisanteries!... Il est amoureux d'une créole, jeune, belle, veuve et riche!...
CLAUDINETTE. Qui ne l'aime pas?
FRÉDÉRIC. Qui l'aime, au contraire, ou du moins paraît l'aimer.
ZOÉ. Qu'est-ce qu'il veut de plus, alors?...
FRÉDÉRIC. Il veut l'épouser.
RISETTE. C'est gentil de sa part, ça; qui l'en empêche?...
FRÉDÉRIC. La dame est susceptible, et les antécédents du jeune homme lui donnent assez d'inquiétude pour qu'elle lui tienne rigueur et le désespère par instants...
CLAUDINETTE. Voilà le motif de ses lunes.
FRÉDÉRIC. Voilà pourquoi il s'est enfui tout à l'heure en abordant; c'est pour aller rôder autour des jardins de la dame qui habite ce charmant pays, et tâcher de s'attirer un regard ou un sourire en roucoulant sa fameuse mélodie des adieux de Schubert, — vous savez, — sa toquade.
CLAUDINETTE. Pauvre Glaneuse!... Ton capitaine est bien malade!... encore un astre qui pâlit!...
RISETTE. Encore un valseur qui s'enfonce.
LÉONCE. Un homme à la mer!
ZOÉ. Et moi qui ne croyais pas à la puissance de l'amour!...
TOUS. A table! (Ils se mettent à table.)
LÉONCE. L'amour, c'est l'idéal de la réalité.
CLAUDINETTE. C'est l'éteignoir de la gaieté.
RISETTE. C'est l'habit noir du sentiment.
FRÉDÉRIC. L'amour, c'est la prose.

SCÈNE IX.

LES MÊMES, ÉDOUARD, qui s'est approché pendant les dernières phrases, puis MARIANNE, puis PETIT-LOUIS.

ÉDOUARD. L'amour, mes amis, c'est la poésie, c'est l'illusion, c'est le bonheur. Ingrats! mais dans vos mansardes, quand le soleil oublie de vous visiter, qui donc illumine gaiement la chambrette? L'amour!... Qui donc vous met la chanson aux lèvres?... L'amour! Si l'âge vous emmène, si la neige des ans trace dans vos cheveux quelque blanc sillon, qui donc vous laisse au cœur un rayon de jeunesse?... L'amour!... et vous le niez!... mais il est partout! mais il est dans tout!... Dans le monde, c'est la femme brillante et parée qui passe devant vous, entourée du prestige de sa noblesse, de sa beauté, de sa vertu!... Au théâtre, c'est l'artiste inspirée dont la gloire vous enivre, dont la voix vous entraîne, dont le souffle vous anime... et met votre cœur à ses pieds. Aux champs, c'est la fraîche fille de ferme ou d'auberge, aux joues vermeilles comme un fruit d'août, c'est la fleur sur sa tige, c'est la nature en bas de laine, enfin l'amour... (Il embrasse Marianne, qui est rentrée pendant le monologue avec une soupière à la main et qui s'est approchée d'Édouard.) c'est Marianne!...
MARIANNE. Ah! monsieur Édouard!...
TOUS. Bravo! bravo!... Vive le capitaine!... (Marianne s'éloigne du groupe, place la soupière sur la table et sort.)
FRÉDÉRIC, amenant Édouard sur le devant de la scène et montrant Marianne. Sais-tu que c'est une jolie fille?...
ÉDOUARD. Avec un peu de pâleur parisienne mêlée à son teint et une robe de soie, ça ferait une étoile au pays Latin!...
FRÉDÉRIC. A la bonne heure!... Voilà des principes!... Mais ta tirade sur l'amour... Tu as vu madame d'Esparville?...
ÉDOUARD. Non, mon ami, mais j'ai le cœur plein d'espoir...
FRÉDÉRIC. Je croyais que tout était rompu; tu m'avais parlé d'une bague...
ÉDOUARD. Oui... (Montrant son doigt.) Celle-ci, que je lui ai donnée il y a trois mois, et qu'elle m'a fait rendre par suite de renseignements qu'elle avait eus, disait-elle, sur mes prétendues maîtresses.
FRÉDÉRIC. Est-ce qu'elle a organisé une police pour te surveiller?
ÉDOUARD. Je suppose qu'elle a su tout cela par son frère, Albert de Brévannes, qui fait son droit avec nous.
FRÉDÉRIC. Tu le connais?
ÉDOUARD. Je ne l'ai jamais vu; c'est dans quelque conversation d'étudiants qu'il aura entendu parler de moi. Mais j'ai plaidé ma justification, et je crois avoir gagné ma cause. Tout à l'heure...
FRÉDÉRIC. Tout à l'heure?
ÉDOUARD. Je passais sous son balcon, et comme je fredonnais tendrement...
FRÉDÉRIC. Les adieux de Schubert?
ÉDOUARD. Justement!
FRÉDÉRIC. Connu!
ÉDOUARD. Ce myosotis est tombé à mes pieds. Cette fleur veut dire: ne m'oubliez pas, c'est-à-dire espérez, c'est-à-dire je vous aime! (Il embrasse la fleur.)
FRÉDÉRIC. Mon pauvre ami, tu sens le mariage d'une lieue.
ÉDOUARD. Puisses-tu dire vrai!
CLAUDINETTE. Ah çà! est-ce que vous conspirez là-bas, l'état-major de la Glaneuse?
FRÉDÉRIC. Mais oui, mademoiselle; nous combinons les moyens de vous noyer tous.
ZOÉ. L'eau est trop froide! je demande que l'exécution soit ajournée.
ÉDOUARD. Non pas. Seulement, pour éviter les refroidissements, au lieu de vous noyer dans l'eau, on vous noiera dans le champagne.
TOUS. Bravo! bravo!
ÉDOUARD. Allons, enfants, à table!... Sommelier, du champagne! (On se met à table.)
TOUS. Du champagne!

ZOÉ.
Lorsque le champagne
Fait en s'échappant
Pan! pan!

FRÉDÉRIC. Zozo, si vous tenez à chanter, attendez que nous chantions tous; au moins, on ne vous entendra pas. (Petit-Louis apporte du champagne et en place sur la table.)
PETIT-LOUIS. Le champagne demandé.
ZOÉ. En ce cas, passez-moi la bouteille, et vous ne vous plaindrez pas si je vous sers d'échanson.
TOUS. Ora!
ÉDOUARD. Il est interdit, par le règlement du canot, de parler de chanson sans en chanter au moins une.
TOUS. Zozo, Zozo!
ZOÉ. Pour cause d'indisposition, je passe la parole à Claudinette.
ÉDOUARD. L'excuse présentée par la coupable, étant inadmissible, est acceptée; la parole est à mademoiselle Claudinette. En avant la ronde de la Glaneuse!
CLAUDINETTE. On y va! Garde à vous pour le refrain.

RONDE.
Air nouveau de M. Oray.

Quel est ce canot si léger
Que l'on voit sillonner la Seine,
Le plus agile pour nager
Rire et chanter sans perdre haleine?...

REFRAIN.

C'est *la Glaneuse* (bis);
Qui fend, joyeuse,
L'onde écumeuse
De son sillon,
Ou paresseuse
Fait la dormeuse
Quand le vent creuse
Son pavillon.

TOUS.

C'est *la Glaneuse*, etc.; etc.

LÉONCE.

Quel est ce canot où ne tient
Que la gaîté pour tout bagage,
Qui n'a d'autre loi, d'autre lien
Que l'amitié de l'équipage?...

TOUS.

C'est *la Glaneuse*, etc.

ÉDOUARD.

Si quelque nageur débutant
Enfonce un peu plus qu'il ne pense,
Pour le sauver, à l'eau sautant,
Quel est le canot qui s'élance?...

TOUS.

C'est *la Glaneuse*, etc.

FRÉDÉRIC.

Quel est le canot où je vois
Toujours au joyeux équipage
S'unir des plus charmants minois
Le plus charmant aréopage?...

TOUTES LES FEMMES SEULEMENT.

C'est *la Glaneuse!*

TOUS.

Qui fend joyeuse, etc.

CLAUDINETTE.

Enfin gentil comme un lutin,
Le cœur sincère et la main leste,
Fidèle au vieux pays latin
Quel est le seul canot qui reste?...

TOUS.

C'est *la Glaneuse*, etc.

ÉDOUARD, levant son verre. A *la Glaneuse!*
TOUS. A *la Glaneuse!* (Petit-Louis apporte un plat.)
ÉDOUARD. A son équipage! qui représente, en quelques exemplaires bien sentis, l'édition épuisée du vrai pays Latin. Car, sans nous, mes enfants, où serait-il? La civilisation a passé les ponts; on porte des gants à la Closerie, et un omnibus stationne à la porte du collége de France. L'étudiant est perdu... la grisette est morte; elle a émigré sur les hauteurs de la Bourse; ce n'est plus Frétillon; et bientôt, on lira sur sa carte : mademoiselle X, homme d'affaires, rue des Martyrs. L'épidémie a tout emporté. Nous seuls, enfants, nous avons échappé au fléau, et nous vivons comme par le passé, fidèles à l'amour, à la chanson, au vrai pays Latin.
TOUS. Vive le pays Latin !
PETIT-LOUIS. Vive le pays Latin ! Dites donc, m'sieur Frédéric, voilà un endroit où j'ai crânement envie d'aller faire un tour, moi... Où est-il situé, ce pays-là?
FRÉDÉRIC. Mon chérubin, tu en trouveras quelques vestiges entre l'École de Médecine, le Panthéon et la Sorbonne ; si tu découvres par là l'enseigne d'un hôtel garni qui n'ait pas été jeté à bas, et le cœur d'une fillette qui soit restée désintéressée, tu pourras te vanter d'avoir trouvé un coin de terre où le bonheur pousse encore.
PETIT-LOUIS. Tiens! tiens!

SCÈNE X.

LES MÊMES, ROBERT, puis MARIANNE.

ROBERT, frappant sur une table. Un litre !
JEAN DUCLOS, en dehors. Enlevez le lapin sauté !
PETIT-LOUIS. Voilà, voilà, patron. (Il sort en courant.)
LÉONCE, appelant. Eh ! Marianne. Apportez-moi donc une ourchatte aussi blanche que vos dents.
MARIANNE, entrant. Voilà, voilà !

ROBERT, avec colère. Mais j'ai demandé un litre, mille nom d'un nom...
ÉDOUARD. Marianne, donnez-moi donc un verre luisant comme vos beaux yeux? (Marianne apporte un verre.)
FRÉDÉRIC. Au fait, les enfants, nous avons oublié le toast de rigueur : A la belle Marianne !
TOUS. A Marianne !
ROBERT, exaspéré. Ah çà ! Marianne, veut-on me servir, à la fin?...
ÉDOUARD, coiffant Marianne avec la casquette de Claudinette. Voyez donc comme elle serait gentille, en canotière ; comme cette casquette la coiffe à ravir.
CLAUDINETTE, lui passant sa vareuse. Et la vareuse, costume complet.
ÉDOUARD. Si on l'embarquait à bord de *la Glaneuse*.
ZOÉ. C'est pour le coup qu'il y aurait deux belles femmes dans l'équipage!... moi d'abord... et elle ensuite.
FRÉDÉRIC. Zozo, la modestie est votre plus bel apanage.
MARIANNE. Si mon cousin me voyait, il serait capable de me chasser.
ÉDOUARD. Eh bien, s'il vous chasse, vous entrerez chez moi.
MARIANNE. Chez vous?
ÉDOUARD. Eh parbleu ! vous serez mon intendante; vous surveillerez mes dépenses... et surtout ma garde-robe, mes gilets qui manquent toujours de boutons; et mes faux cols qui n'ont jamais de cordons. C'est une providence qu'une jeune et jolie fille dans le ménage d'un garçon ; s'il est joyeux, elle chante avec lui et double sa joie; s'il est triste elle chante toute seule et diminue sa peine ; (Lui prenant la main) s'il est malade... elle devient le bon ange qui soigne et qui guérit... n'est-ce pas, mes enfants?
TOUS. Oui, oui, c'est vrai !
ROBERT, allant à Marianne. Décidément, mam'zelle Marianne veut-on me servir aujourd'hui ? mon argent vaut bien celui des autres, il me semble?
MARIANNE. Une minute, on y va !
ROBERT. Voilà un quart d'heure que je l'attends, ta minute.

SCÈNE XI.

LES MÊMES, DUCLOS.

DUCLOS. Qu'est-ce qu'il y a donc?
MARIANNE. Rien, mon cousin.
ROBERT. Il y a, il y a, parbleu ! toujours la même chose mademoiselle qui me laisse égosiller pendant qu'elle ramasse des compliments et des embrassades aux autres tables.
FRÉDÉRIC, bas à Édouard. Voilà un particulier qui me porte sur les nerfs.
DUCLOS, à Marianne. C'est-i vrai, ça?
MARIANNE. Vous voyez que je vais chercher le litre qu'il m'a demandé.
DUCLOS, la poussant. Allons, fille ! et plus vite que ça. (Marianne sort.)
CLAUDINETTE. Quelle brutalité !
ÉDOUARD, à Petit-Louis qui pose un plat sur la table. Qu'est-ce que ce gentilhomme en blouse?
PETIT-LOUIS. C'est un marinier du pays.
ÉDOUARD, se levant. — Musique en trémolo jusqu'après la rixe. Dites donc, monsieur Duclos, est-ce que vous avez été marinier avant d'être aubergiste?
DUCLOS. Pourquoi cela?
ÉDOUARD. C'est qu'à la façon dont vous traitez cette fille, je supposais que vous vous croyiez encore à manier des bœufs comme les mariniers.
ROBERT, se levant. Est-ce que c'est pour moi que vous dites ça?...
ÉDOUARD. Pour vous, monsieur? Vous êtes marinier, peut-être?...
ROBERT. Un peu, et je m'en vante.
ÉDOUARD, railleur. En ce cas, monsieur, je suis désolé de ce que j'ai dit, car à la douceur de vos manières et à l'élégance de votre langage, je vois bien que j'ai tort.
ROBERT, à part. Je crois qu'il se moque de moi.
FRÉDÉRIC, de même. Où veut-il en venir? (A Édouard.) Là donc ce butor.
MARIANNE, rentre avec le litre. Le voilà, votre litre.
ROBERT, le lui arrachant. C'est bon.
ÉDOUARD. Et voyez donc, messieurs, ne trouvez-vous pas comme moi, que monsieur est ravissant de douceur et de galanterie ?
ROBERT. Qu'est-ce que c'est?
ÉDOUARD, s'approchant. Seulement, mon beau gentilhomme permettez-moi de vous donner un conseil.

ROBERT. Un conseil, vous?
FRÉDÉRIC et LÉONCE, retenant Édouard. Édouard! Édouard! cet homme est ivre!
ÉDOUARD. Laissez donc, monsieur a trop bon goût pour se fâcher. Voyez-vous, mon cher monsieur, pour se bien tenir en compagnie, il faut garder son sang-froid, et je crois que vous feriez bien de mettre un peu d'eau dans votre vin.
ROBERT. De quoi vous mêlez-vous?
ÉDOUARD. Croyez-moi, si vous buvez pur, cela vous montera à la tête; et tenez, justement la rivière n'est pas loin : le meilleur moyen que ce vin ne vous fasse pas de mal, c'est d'aller le chercher dans l'eau. (Il prend le litre, s'approche du fond et le jette. Tout le monde se lève et le suit.)
ROBERT, bondissant. Fainéant!... (Il arrache une bouteille des mains de Petit-Louis qui entre en ce moment et sort en bousculant les étudiants qui cherchent à le retenir.)
MARIANNE, s'élançant. Oh! monsieur Édouard!...
DUCLOS la retient. Que vas-tu faire, malheureuse! envenimer cette querelle par ta présence!... S'il y a quelque accident, malheur à toi! (Tous les personnages se groupent : fond de la scène.)
MARIANNE, sur le devant. Que va-t-il arriver? (Silence.)
TOUS, dans le fond, avec effroi. Ah!...
LÉONCE, revenant. Le misérable! il a fendu la tête à Édouard d'un coup de bouteille!
MARIANNE, frémissante. Grand Dieu!
FRÉDÉRIC, accourant. Vite, un saladier, du sel!
PETIT-LOUIS. Voilà! voilà!
FRÉDÉRIC. Léonce, au canot! nous allons le porter à Sèvres tout doucement. Claudinette, la vareuse d'Édouard! (Léonce sort.)
CLAUDINETTE. J'y vais... Monsieur Rémy, voulez-vous m'aider à prendre toutes les pelures?...
RÉMY. Je vous suis, Claudinette. (Claudinette et Rémy sortent.)
PETIT-LOUIS, apportant le saladier. Voilà, monsieur Frédéric.
FRÉDÉRIC. Donne vite! (Il sort en courant; les étudiants le suivent.)
PETIT-LOUIS. Bon Dieu! quel accident! j'en ai la chair de poule!... Décidément, je ne reste pas ici... je vais faire mon paquet et décamper. (Il sort.)
JEAN DUCLOS, dans le fond. Ils s'en vont tous; voilà la Bonne Cave perdue, et tout ça à cause de cette mijaurée.
MARIANNE, sur le devant. Pauvre jeune homme! (Claudinette portant la vareuse d'Édouard et Rémy surchargé d'effets rentrent.)
RÉMY. Mademoiselle Claudinette, donnez-moi donc la vareuse du capitaine; une de plus, une de moins...
CLAUDINETTE. Non, non, vous n'auriez qu'à la perdre... vous êtes si léger!...
RÉMY. Pas dans ce moment-ci, je vous jure. (Il s'approche de Duclos et lui remet l'argent de la dépense.)
MARIANNE, à Claudinette. Claudine, veux-tu me faire un grand plaisir?
CLAUDINETTE. Lequel?
MARIANNE. Je t'en prie, fais-moi savoir des nouvelles de M. Édouard, demain...
CLAUDINETTE. Impossible, ma pauvre amie; demain, je pars à six heures, tu sais?
MARIANNE. Mais il a sa famille à Paris?
CLAUDINETTE. Non, il est tout seul, mais ses amis ne le quitteront pas.
RÉMY, au fond. Claudinette, on nous attend là-bas.
CLAUDINETTE. Adieu, Marianne! au revoir! (Elle laisse tomber de la vareuse un porte-feuille et une carte; Claudinette et Rémy sortent.)
MARIANNE, désespérée. S'il allait mourir!
DUCLOS, derrière elle, lui prenant le bras. S'il meurt, ce sera par ta faute... Ce n'est pas pour rien que cet étudiant a pris ta défense... Tu es une fille perdue... tu m'as ruiné!... (Avec fureur.) Tiens, va-t'en!
MARIANNE, suppliante. Mon cousin!...
DUCLOS, la repoussant. Va-t'en, je te chasse! (Il sort.)

SCÈNE XII.

MARIANNE, seule. Chassée!... Que devenir?... où aller?... (Elle aperçoit le porte-feuille et la carte; elle lit.) « Édouard de Sivry, hôtel de la *Côte-d'Or*, rue Mazarine... » (Silence, puis comme inspirée.) Ah!... s'il est malade, elle devient le bon ange qui soigne et qui guérit.

ACTE DEUXIÈME

L'intérieur d'un salon commun dans un hôtel garni. — A gauche, un piano, quelques morceaux de musique sur la tablette; à droite, une causeuse. — Porte d'entrée au fond. — Au second plan, à gauche, porte donnant dans la chambre d'Édouard. — En face, une porte donnant dans la chambre de Mariette.

SCÈNE PREMIÈRE.

FRÉDÉRIC, LÉONCE, ZOÉ, RÉMY, CLAUDINETTE, RISETTE, ÉTUDIANTS, OUVRIÈRES, puis PETIT-LOUIS. Les étudiants entrent par la porte du fond avec des bouquets et des pots de fleurs.

CHŒUR.
Air : *Diamant de la couronne*. (Final.)

A pas de loup, entrons ici
Afin de pouvoir faire ainsi
A ce malade, bien portant
Une surprise qu'il attend
C'est lui que l'on fête aujourd'hui ;
Nous ne devons penser qu'à lui ;
Jurons, quand nous aurons chanté,
De boire sec à sa santé.
Femmes rebelles
Mais peu cruelles ;
Amis fidèles
Au rendez-vous,
Dès le matin nous voilà tous,
Bruyants et gais comme des fous,
Demandant à tous les échos
De cette fête le héros.

REPRISE.
A pas de loup, etc.

(Ils se rangent à gauche, Frédéric en tête, Rémy le dernier.)
FRÉDÉRIC. Halte! Front! Posez... pots! (Tout le monde pose les pots à terre.) Rompez!...
ZOÉ. Il n'y a donc personne dans cette auberge?
FRÉDÉRIC. Cette auberge!... Zoé, vous vous croyez encore à l'hôtel de la *Côte-d'Or*.
ZOÉ. Quelle différence y a-t-il?
FRÉDÉRIC. La différence d'une cabane à un palais, de l'hôtel de la *Côte-d'Or* à l'hôtel de l'*Université*, ci-présent; la différence d'une chambre où perchait Édouard, il y a huit jours, à ce luxueux salon où vous êtes admise.
ZOÉ. C'est bien la peine d'entrer dans un salon pour faire antichambre.
CLAUDINETTE. L'homme propose, et la femme dit : je pose.
RÉMY. Il ne sait peut-être pas que nous sommes là, nous sommes entrés si doucement!
FRÉDÉRIC. Nous allons interroger la livrée; holà, quelqu'un!
PETIT-LOUIS, sortant de la chambre de Mariette un plumeau sous le bras. Voilà!
CLAUDINETTE. Tiens! je connais cette silhouette-là, moi.
ZOÉ, allant le regarder de près. Le fait est que j'ai vu cette enseigne-là sur les épaules de Mariette.
RÉMY. Tiens! c'est Petit-Louis, l'esclave du père Duclos.
CLAUDINETTE. Eh oui! Qu'est-ce que tu fais ici, esclave?
PETIT-LOUIS. Je fais le ménage.
CLAUDINETTE. A l'heure, à la journée, au mois?
PETIT-LOUIS. A tout ça ; j'en avais assez d'être garçon d'auberge, c'est trop commun. Tout le monde est garçon d'auberge, et puis pas de pourboires, autant dire ; d'ailleurs, j'avais envie de faire un tour de pays Latin.
CLAUDINETTE. De sorte que tu es ici?
PETIT-LOUIS. Garçon d'hôtel pour vous servir.
ZOÉ. Et il y a-t-il des profits?...
PETIT-LOUIS. Je crois bien! dix francs de service par chambre et par mois.
CLAUDINETTE. Avec ça tu n'as plus besoin de travailler.
PETIT-LOUIS. Malheureusement, presque tous les locataires s'en vont sans me payer.
FRÉDÉRIC. Tu te rattraperas sur les intérêts.
PETIT-LOUIS. Comment ça?
FRÉDÉRIC. Compte bien!

Air : *Garat*.
En touchant comptant
Tes dix fois un franc
Ça fait mille centimes.
Mais en ne touchant rien pendant un an,
L'intérêt fait cinq décimes.
Si douze fois
Au bout des mois
Chaque hôte
Pour les paiements
De ses dix francs
Fait faute,
Te voilà gagnant
A la fin de l'an
Tes six francs de plus par hôte.

PETIT-LOUIS, comptant sur ses doigts. Douze fois cinq décimes, ça fait douze fois six sous.

FRÉDÉRIC. Dis-moi, où est donc Édouard, le seigneur de céans?

PETIT-LOUIS. Oh! dans sa chambre... c'est pas lui qui réveillerait le soleil, attendu que le soleil ne le réveille pas.
FRÉDÉRIC. Et dona Mariette?
PETIT-LOUIS. Par exemple, elle, c'est bien différent, matinale comme la rosée, elle est déjà sortie.
FRÉDÉRIC. En es-tu sûr?
PETIT-LOUIS. Voyez vous-même, là, dans sa chambre!... (Frédéric va entrebâiller la porte. Petit-Louis s'éloignant.) Douze fois dix sous, ça fait six francs, c'est clair!... (Il sort.)
LÉONCE. Ah! ça, mais, c'est asiatique, ici, c'est oriental, c'est mille et une nuits! deux chambres à coucher, salon, piano!
FRÉDÉRIC. Oui, seulement le salon est le salon de l'hôtel (poussant une porte au fond) et voilà la salle à manger, où l'on fait les noces et repas de corps. Quant aux deux chambres, elles sont séparées par une mer de glace.
CLAUDINETTE. Comment! ce salon, une mer...
FRÉDÉRIC. Claudinette, on voit bien que vous arrivez d'Amérique!
CLAUDINETTE. J'arrive de Joigny.
FRÉDÉRIC. C'est la même chose, puisque vous y avez fait fortune.
TOUS. Fortune!
FRÉDÉRIC. Oui, mes enfants, vous voyez devant vous le million fait femme.
CLAUDINETTE. C'est un plaisir de vous confier ses secrets.
FRÉDÉRIC. Bah! bah! faites donc des cachoteries, madame Nabab!...
ZOÉ. Est-ce qu'elle a gagné à la Monténégrine?
FRÉDÉRIC. Le gros lot n'a pas été réclamé.
RISETTE. Elle a donc hérité?
FRÉDÉRIC. Vous l'avez dit.
LÉONCE. D'une grosse somme?
FRÉDÉRIC. Non! d'une vieille tante.
LÉONCE. Combien?
FRÉDÉRIC. Devinez!
RISETTE. Un million?
FRÉDÉRIC. Ah! ouich!
ZOÉ. Sept francs vingt-cinq?
FRÉDÉRIC. Zozo!
RÉMY. Deux millions?...
FRÉDÉRIC. Ah!
ZOÉ. Enfin, combien?
FRÉDÉRIC. Trois mille francs!
TOUS. Trois mille francs, ah! (Ils entourent Claudinette.)
CLAUDINETTE. Voyons, monsieur Frédéric, vous ne nous avez pas amenés ici pour faire mon inventaire, hein?
FRÉDÉRIC. Non pas, mais bien pour fêter d'une façon galante et fleurie le retour à la santé de notre capitaine et ami Edouard de Sivry qui, à cette occasion, éprouve le besoin de nous réunir tous dans un festin de Lucullus.
ZOÉ. Qu'est-ce que c'est que ça, Lucullus?
LÉONCE. C'est l'inventeur de la salade romaine.
ZOÉ. J'en raffole!
FRÉDÉRIC. Il y en aura, avec des gigots d'ours à la brochette, et du vin de l'arche de Noé.
RISETTE. Il est donc millionnaire aussi, M. Edouard?
FRÉDÉRIC. Quelque peu; on lui a envoyé de l'argent de chez lui, pour sa maladie, il n'a pas pu boire tout en tisane, il veut boire le reste en nectar!
CLAUDINETTE. Est-ce parce qu'il est riche qu'il nous fait faire antichambre?
FRÉDÉRIC. Soyez calmes... Edouard n'est pas changé; il a conservé ses bonnes amitiés et ses bonnes habitudes, y compris celle de dormir comme dans les contes de fées... Il n'y a que la musique qui le réveille... quand elle est fausse... Si nous chantions?
CLAUDINETTE. Ça va... Accordez les instruments.

CHOEUR.

Air nouveau de M. Oray.

Bel endormi, réveillez-vous,
Entendez nos accords si doux!
Ding, ding, ding, don, qui carillonne!
C'est une pendule qui sonne
Dix coups
Ding, ding, ding, ding, ding, ding, ding, ding, ding, don
Oui, c'est la pendule qui sonne dix coups!

TOUS.
Réveillez-vous!
C'est nous.
CLAUDINETTE.
Ouvrez vos yeux et votre porte,
Enfin!
TOUS.
Enfin!

CLAUDINETTE.
Car chacun de nous vous apporte
Sa faim.
TOUS.
Sa faim!
CLAUDINETTE.
Pour dormir, vous pouvez attendre
Demain.
TOUS.
Demain!
CLAUDINETTE.
Vite aujourd'hui venez nous tendre
La main!
TOUS.
La main!

REPRISE DU CHOEUR.

Bel endormi, réveillez-vous, etc., etc.

SCÈNE II.

LES MÊMES, ÉDOUARD.

ÉDOUARD, entrant par la porte à gauche. Bonjour, enragés bra lards! bonjour, mes amis! (Se retournant et apercevant Claudinette Eh! Claudinette!... Votre front, bel oiseau voyageur, que j dépose le baiser du retour!... On dit que le pays se moura sans vous; lui rapportez-vous des champs une belle moiss de gaieté?
CLAUDINETTE. J'en ai amassé gros depuis trois mois que ne ris pas. Aussi, vous la verrez!...
FRÉDÉRIC. Une gaieté doublée de petits écus.
ÉDOUARD. Vraiment!
CLAUDINETTE. Bah! elle n'en sera pas plus fière pour ça, ma première chanson, mon cher Edouard, n'en sera p moins pour vous et votre heureux rétablissement.
FRÉDÉRIC. A l'occasion duquel nous venons, ces messieur ces dames et moi, joncher le sol que foulent tes pieds de po de bouquets et d'hommages aussi odoriférants que chaleurer Attention!... Portez... pots!... Présentez... pots!... (Ils défi tous en chantant et présentant chacun son pot ou son bouquet à Édouard.)

CHOEUR.

Air : Des Puritains.

Tendez vos deux oreilles
Et vos deux bras à nos merveilles,
Coeurs chauds, fleurs sans pareilles
Tout est à vous,
Nos pots et nous.
FRÉDÉRIC, présentant un bouquet de soleils.
Prends ces soleils flambants
Comme étant en tout temps
Les symboles frappants
De nos vrais sentiments.
CLAUDINETTE, présentant un rosier.
Prenez ces roses... mais
Ne les cueillez jamais.
LÉONCE, présentant une branche de lilas.
Prends vite ces lilas
Car j'en ai les bras las.
Hier, j'ai dans les bois
Cherché des fleurs de choix,
Mais je n'ai, quel guignon!
Trouvé qu'un champignon!
(Elle lui présente un champignon en bois, entouré de papier.)
RISETTE.
Moi, délicate fleur
Je vous offre ma soeur
La blanche fleur du lis.
RÉMY.
Et moi ces pissenlits.

REPRISE DU CHOEUR.

Tendez vos deux oreilles, etc.
ÉDOUARD. Merci, mes amis, c'est trop! Vous m'accablez s le poids de vos parfums et de votre affection.
RÉMY. Voilà comme nous sommes, nous autres.
FRÉDÉRIC. Qu'est-ce que c'est, mousse?
ÉDOUARD. Seulement, votre affection s'est levée un peu tin, et le déjeuner va se faire attendre. Mariette est s pour tout commander, et n'est pas rentrée encore.
FRÉDÉRIC. Eh bien, mon vieux, nous attendrons Mariett
CLAUDINETTE. Mais qui est donc cette Mariette, dont tou monde parle? Je ne la connais pas.
ÉDOUARD. Vous la connaissez très-bien.
CLAUDINETTE. Moi?
FRÉDÉRIC. Mais oui, Mariette, c'est la chrysalide dev

papillon; la Mariette d'aujourd'hui, c'est la Marianne d'il y a trois mois.
TOUS. Mais oui.
CLAUDINETTE. Marianne!
ÉDOUARD. Marianne, de la *Bonne-Cave*.
CLAUDINETTE. Ah! (à part.) Ma pauvre Marianne, toi aussi!... Là-bas, le travail, l'isolement; ici, la paresse, le luxe, le plaisir... Tu es venue ici, ma pauvre Marianne! (Haut.) N'importe, je brûle de la revoir! J'aurai tant de choses à lui dire, à lui demander!
ÉDOUARD. Eh bien, voulez-vous, en l'attendant, ranger toutes ces fleurs, là, dans sa chambre?... Vous serez déjà presque avec elle.
CLAUDINETTE. Bien volontiers... Monsieur Rémy?
RÉMY. Mademoiselle?
CLAUDINETTE. Voulez-vous m'aider?
RÉMY. Je veux bien! (Il prend deux pots.)
CLAUDINETTE lui tend un pot. Tenez, le pot aux soleils.
RÉMY, bas à Claudinette. C'est vous qui êtes le mien... de soleil, ô Claudinette! (Claudinette et Rémy entrent dans la chambre de Mariette. Rémy revient immédiatement.)
FRÉDÉRIC. Dites donc, mes enfants, en attendant le festival, si vous descendiez au café... le temps d'en griller une et d'éprouver un surinam?
LÉONCE. Tu ne viens pas?
FRÉDÉRIC. Je vous rejoins dans un instant avec Édouard.
TOUS. Allons-y!

CHŒUR.
Air : quadrille de *l'Ambassadrice*.
Nous allons attendre
Et nous allons prendre
Tous, selon nos goûts,
Du raide ou du doux.

(Ils sortent.)

SCÈNE III.
ÉDOUARD, FRÉDÉRIC.

FRÉDÉRIC. Maintenant, mon vieux, ne me regarde pas et figure-toi que je suis un homme sérieux.
ÉDOUARD. Pour quoi faire?
FRÉDÉRIC, s'asseyant. Parce que j'ai à te rendre des comptes.
ÉDOUARD, s'asseyant. Quels comptes?
FRÉDÉRIC. N'étais-je pas le caissier de ta caisse pendant ta maladie?
ÉDOUARD. Qu'importe!
FRÉDÉRIC. Il m'importe, à moi! Je ne suis pas fâché de m'en débarrasser... La caisse est un instrument si facile à crever!... D'abord, l'argent : voici dans ce portefeuille les billets; cette bourse, la monnaie. Voici les comptes d'apothicaire...
ÉDOUARD. Avec notes acquittées?
FRÉDÉRIC. Ça te contrarie? Je payerais bien cher, moi, pour en avoir, des notes acquittées! Tiens, des lettres de la famille.
ÉDOUARD. Comme on a dû être inquiet chez moi!
FRÉDÉRIC. Parbleu! nous l'avons été tous! Il y a eu un moment où la tante la plus maternelle n'aurait pas prêté dix francs sur ta peau. Ah! si tu n'avais pas été soigné comme un dieu!...
ÉDOUARD. Oui, je sais ce que je vous dois à tous.
FRÉDÉRIC. A tous? mais non, c'est Mariette, envers qui tu ne t'acquitteras jamais! ton cœur!... Voici des lettres de divers non affranchies... ce sont des factures... ah! les signatures de ceux qui sont venus s'inscrire pendant que tu étais en danger.
ÉDOUARD, se levant. Donne.
FRÉDÉRIC, froissant la liste. Ceux qui s'intéressent à toi sont nombreux, et ce ne sont pas des créanciers.
ÉDOUARD, froissant la liste. Tu ne crains pas de les froisser, il paraît.
FRÉDÉRIC. Tu ne crains pas de les froisser, il paraît.
ÉDOUARD, avec impatience. C'est que...
FRÉDÉRIC. Quoi?
ÉDOUARD. J'espérais trouver là un nom que je n'y vois pas.
FRÉDÉRIC. Celui de ton Hélène, peut-être?
ÉDOUARD. Oui.
FRÉDÉRIC. Je t'en prie, va te recoucher, tu es encore malade.
ÉDOUARD. Que veux-tu? je ne puis arracher cette image de mon cœur.
FRÉDÉRIC. De ton cœur, allons donc!

Air : *En amour comme en amitié*.
Tu crois avoir un crampon dans le cœur,
Mais c'est la tête où perche ta marotte.
Tu dis bien haut : L'amour est mon vainqueur!
C'est l'amour-propre en ton cerveau qui trotte.
Si tu voulais, et tu le dois chercher,

Rompre la chaîne, ami, que tu t'es faite,
Garde ton cœur sans en rien arracher;
Contente-toi de te couper la tête,
Il suffira de te couper la tête.

ÉDOUARD, ayant à peine écouté. Ainsi, elle n'est pas même venue me jeter l'aumône de son nom.
FRÉDÉRIC. Prêchez donc un sourd... Mais pourquoi serait-elle venue, à moins qu'elle n'ait fait tourner les tables pour savoir que tu étais malade?
ÉDOUARD. Elle le savait, je le lui ai écrit.
FRÉDÉRIC. Tiens, c'est le délire qui te reprend... Prends garde, tu mords quand tu as le délire.
ÉDOUARD. Non, non, j'ai tout mon bon sens. Je lui ai écrit le jour où j'ai été blessé; j'ai même fait porter la lettre en me cachant de toi.
FRÉDÉRIC. Touchante confiance! je suis sûr que tu m'as préféré un Auvergnat...
ÉDOUARD. Je lui disais que j'allais mourir, et lui demandais comme une grâce de la voir une dernière fois. Elle n'est pas venue alors, ni depuis; j'étais mourant, en effet... Pendant ce temps, que faisait-elle? Elle vivait sans l'insouciance et dans les fêtes, tandis qu'à mon chevet...
FRÉDÉRIC. Veillait une chère enfant qui t'aime, celle-là, qui t'adore... Marianne.
ÉDOUARD. Oui, elle m'aime, et pourquoi, vraiment?
FRÉDÉRIC. C'est bien simple... tout le monde la brutalisait à la *Bonne-Cave*; toi, tu lui as parlé avec douceur; elle t'a remarqué; tu t'es fait donner un coup de bouteille pour ses beaux yeux, diable! elle t'a aimé! En te soignant, elle a appris par toi, dans ton délire, que tu en aimais une autre... Elle t'a adoré, c'est dans l'ordre; depuis, à peine as-tu retrouvé la raison, que tu t'es plu, je ne sais par quel caprice de malade, à l'habiller comme une poupée et à la faire chanter comme une boîte à musique.
ÉDOUARD. Après tout ce qu'elle a fait pour moi, pouvais-je ne pas songer à lui être utile? (Mariette paraît au fond.)
FRÉDÉRIC. Ah! joli, joli! Pas d'hypocrisie, va; tu veux que Mariette te paye les intérêts de ton coup de bouteille, et tu ne l'aimeras pas plus après qu'avant.
ÉDOUARD. Pourquoi non?
FRÉDÉRIC. Parce que tu penses à une autre qui ne t'aime pas : c'est toujours pire.
ÉDOUARD. Eh bien, si cela est, Mariette me guérira peut-être de madame d'Esparville; c'est une expérience que je veux faire.

SCÈNE IV.
LES MÊMES, MARIETTE.

MARIETTE, pousse un cri et se laisse tomber sur une chaise. Ah!
ÉDOUARD et FRÉDÉRIC, se retournant. Mariette!
ÉDOUARD, s'approchant de Mariette. Qu'avez-vous donc?
MARIETTE. Rien! j'ai monté un peu vite, et en arrivant ici, j'ai ressenti comme un coup au cœur, mais ce n'est rien... rien!
ÉDOUARD, la prend par la main et redescend avec elle. Voyons, venez un peu que je vous remercie encore une fois, mon ange gardien, et que je vous gronde aussi, car vous voilà toute pâlie et toute méconnaissable. Elle s'est tuée à passer les nuits auprès de moi... Pourquoi n'a-t-on pas pris une garde, Frédéric?
FRÉDÉRIC. Ah bien, oui, une garde! elle l'aurait plutôt mangée que de la laisser approcher de toi.
ÉDOUARD. Comment?
MARIETTE. N'était-ce pas à cause de moi que vous aviez reçu ce vilain coup? En vous soignant, je ne faisais que m'acquitter.
ÉDOUARD. Comment reconnaître tant de dévouement? (Il lui baise la main.)
FRÉDÉRIC, à part. Pas mal, pas mal! Il me semble que les actions de madame d'Esparville sont en baisse.
MARIETTE. A présent que vous voilà guéri, je suis bien heureuse, et je puis m'en aller.
ÉDOUARD. Partir? y pensez-vous, Mariette?

Air : *Si j'étais roi*.
Ne m'avez-vous rendu la vie
Que pour me priver de vous voir?
Vos tendres soins, dont j'ai l'âme ravie,
N'étaient-ils pour vous qu'un devoir?
J'ai reçu tous les sacrifices
Que vous a dictés votre cœur.
Puisque j'en eus les bénéfices,
Laissez-moi donc vous les rendre en bonheur!
Je n'en saurais vous offrir aucun
Sans les payer par du bonheur!
S'ils sont payés, c'est avec du bonheur!

Et puis je me suis fait une douce habitude de vous savoir près de moi, toujours attentive, prévenante. Dans mon délire même, je voyais à mon chevet une femme qui semblait me sourire et pleurer à la fois; c'était vous, Mariette.

MARIETTE. Oui, moi, que vous preniez pour une autre; moi, que vous appeliez fièvre, moi, que vous avez suppliée, un jour, de reprendre cette bague que vous croyiez donner à une autre aussi. Tenez! (Lui rendant la bague.) Vous voyez bien qu'il faut que je m'en aille.

FRÉDÉRIC, à part. Diable! voilà les cartes qui se brouillent. (Haut.) Édouard, tu sais qu'on nous attend?

ÉDOUARD. Tout à l'heure!... Mariette, pourquoi m'en vouloir de ce qu'a pu me faire dire la fièvre? Voyez, maintenant, je suis calme; prenez cette bague, c'est bien à vous que je la donne; et si vous me la rendez cette fois, ce sera pour moi la preuve que vous aurez cessé de m'aimer... que vous ne voudrez plus entendre parler de moi ni de mon affection. Est-ce marché conclu?

MARIETTE. J'accepte, mais j'ai bien peur que vous ne revoyiez jamais votre émeraude.

ÉDOUARD. C'est bien ainsi que je l'entends.

FRÉDÉRIC, à part. C'est égal, si j'étais Mariette, je ferais enregistrer ce marché-là. (Haut.) Viens-tu, Édouard? on nous attend en bas.

ÉDOUARD. Me voici!... À bientôt, Mariette. Allons, viens, Frédéric.

MARIETTE. À bientôt! (Édouard et Frédéric sortent.)

SCÈNE V.

MARIETTE, seule. Chère petite bague, tu es bien à moi, à moi seule! Tu ne me parleras plus que de lui, maintenant; tu me diras qu'il m'aime; et pourtant je les ai entendues là, ces cruelles paroles : « Mariette ne guérira peut-être de maladie d'Esparville, c'est une expérience que je veux faire... » Que croire?... Chère petite bague, réponds-moi.

Air : *du Nid charmant caché sous la feuillée.*

Pur diamant,
Tendre et charmant emblème
Que mon ami vient de placer lui-même
A cette main, dis-moi s'il m'aime?
S'il doit jamais, pour calmer mon tourment,
Oublier cette femme
Qu'il revoyait en toi?
Dis-moi, petit bijou, confident de son âme,
S'il doit garder sa foi
Pour elle ou bien pour moi?

SCÈNE VI.

MARIETTE, CLAUDINETTE.

CLAUDINETTE, sortant à reculons de la chambre de Mariette. Là, voilà qui est fait; j'en ai mis partout. On dirait un nid tout de fleurs et de feuillage; j'espère que Marianne sera surprise!

MARIETTE, à part. Quelqu'un!

CLAUDINETTE, à part. Et quand elle rentrera... (Elle se retourne et aperçoit Mariette. — Haut.) C'est elle!

MARIETTE. Claudine! toi ici! quel bonheur! embrasse-moi donc... que je suis heureuse de te revoir, je t'ai si souvent désirée.

CLAUDINETTE. À la bonne heure! voilà un accueil qui me réconcilie avec toi. Tu m'avais été si bien arrangée par les bonnes langues de Joigny!

MARIETTE. Comment, on sait là-bas?

CLAUDINETTE. On sait tout, partout, depuis qu'il y a des chemins de fer et des télégraphes électriques.

MARIETTE. Mais toi, tu as supposé...

CLAUDINETTE. Moi, pauvre enfant!... je n'ai rien supposé... est-ce que Paris n'est pas un grand piège à loups? On est seule... on a vingt ans. On n'a que deux routes devant soi. On prend celle qu'on croit la plus douce. Plus tard on s'aperçoit... mais ce n'est pas moi qui te jetterai la pierre... puisque tu es heureuse.

MARIETTE. Heureuse! tu ne sais pas tout ce que j'ai souffert!

CLAUDINETTE. Déjà... déjà des nuages sur les premiers soleils de vos amours!

MARIETTE. Nos amours!

CLAUDINETTE. Eh bien, n'est-ce pas le mot?

MARIETTE. Il n'y a ni soleils ni amours; je suis pour Édouard une amie, voilà tout.

CLAUDINETTE. Une amie!

MARIETTE, lui prenant les mains. Oui, ma bonne Claudine, une amie, et s'il y a entre nous un autre sentiment que l'amitié, ce sentiment est tout dans mon cœur, nullement dans celui d'Édouard.

CLAUDINETTE. Est-ce que sa maladie l'a rendu aveugle?

MARIETTE. Il en aime une autre.

CLAUDINETTE. Comment!

MARIETTE. Oui, une femme pour laquelle, dans son délire il me prenait, et dont il me donnait le nom.

CLAUDINETTE. Attends donc, une veuve, une créole, son ancienne passion?

MARIETTE. Oui!

CLAUDINETTE. Ah çà! pourquoi es-tu donc venue ici?

MARIETTE. Le jour où Édouard fut blessé, il m'avait dit ces mots qui me revinrent comme un avertissement : « S'il est malade, elle deviendra le bon ange qui soigne et qui guérit! Je n'eus plus qu'une pensée : venir le soigner, le guérir! J'avais trouvé un portefeuille oublié dans la bagarre, c'était justement celui d'Édouard. Ce portefeuille contenait quelque argent, je m'en fis un prétexte. Je vins chez M. de Sivry, tant que sa vie fut en danger, je ne quittai pas son chevet.

CLAUDINETTE. Si j'avais été là, au moins.

MARIETTE. Plus tard, il parut touché de mes soins; je voulus partir, ce fut lui qui me supplia de rester. Et pourtant il me semble qu'Édouard se fait de moi un jeu, que tout ce qu'il cherche dans ma présence et dans mon affection, c'est le souvenir d'un autre amour qu'il regrette!

CLAUDINETTE. Ah çà! c'est donc un puits de fidélité que ce garçon-là!

MARIETTE. Ce doute cruel qui m'a rendue si malheureuse Édouard semble prendre à tâche de le renouveler sans cesse Sa conduite est remplie de bizarreries que rien ne m'explique Un soir, il ouvrit devant moi un petit médaillon qui renfermait une boucle de cheveux : il s'en exhala un parfum étrange et qui m'était inconnu. Je n'y pris pas garde d'abord mais le lendemain, je trouvai dans ma chambre un flacon du même parfum. C'était Édouard qui me l'avait envoyé, et me pria ensuite de m'en servir constamment. Que pensez Ces cheveux étaient un souvenir! ce parfum en était-il un aussi?

CLAUDINETTE. Il a peut-être perdu un oncle dans la parfumerie. Il écoule son héritage.

MARIETTE. Une autre fois, il lui prit fantaisie de me faire apprendre le piano.

CLAUDINETTE. Comment! tu apprends le piano?

MARIETTE. À peine avais-je commencé à faire des gammes qu'il pria ma maîtresse de m'apprendre à exécuter machinalement un ou deux morceaux. Elle parvint, à force de patience à me faire jouer, tant bien que mal, un morceau, la mélodie des adieux de Schubert.

CLAUDINETTE, se levant. Connu... encore une toquade à lui dans le temps; ça lui a repris?

MARIETTE. Je ne sais, mais dès que j'exécutai cet air à peu près correctement, Édouard suspendit les leçons de piano Depuis, il me prie, deux ou trois fois le jour, de lui jouer morceau. Souvent, tandis que je joue, je l'entends comme fredonner en m'accompagnant. Y a-t-il donc des paroles cet air? lui ai-je demandé plusieurs fois. Non, non, me répond-il, il n'y en a jamais eu; et il me fait recommencer.

CLAUDINETTE. Et tu recommences? Ah bien! je lui en chanterais une autre gamme, moi!

MARIETTE. Édouard a voulu aussi que mon nom de Mariann fût changé pour celui de Mariette, qu'il trouvait plus distingué... je compris qu'il désirait en moi une métamorphose complète; et pour me rendre plus digne de lui, je me mis travailler en secret : j'achetais une grammaire et je passais moitié des nuits pour apprendre à parler et à écrire correctement.

CLAUDINETTE. Comment, tu as appris toute la grammaire depuis que tu es ici?

MARIETTE. Depuis deux mois seulement.

CLAUDINETTE. Mais ce que tu as fait là, c'est tout simplement magnifique. Ah bien!... la grammaire et moi, nous n'avons jamais passé par la même porte.

MARIETTE, à elle-même. Si ma peine pouvait le toucher!

CLAUDINETTE. Cela toucherait un cheval de bois!

MARIETTE. Eh bien, j'ai peur qu'il n'aime en moi ni cœur de Marianne, ni le dévouement de Mariette.

CLAUDINETTE. Tu lui crois donc un cœur de crocodile? À moi, je t'aime et ne veux pas que tu sois malheureuse. Je te laisserai pas dépenser toute cette bonté, toute cette beauté pour un ingrat qui les méconnaît. Maintenant surtout, tout ce qu'il faut pour te mettre à l'abri de sa tyrannie.

MARIETTE. Claudine! prends garde!

CLAUDINETTE. Sois tranquille, on t'aimera, va...

MARIETTE. Enfin! pas un mot de tout cela, maintenant Claudine. Seulement, tiens! je savais que les amis d'Édouard viendraient aujourd'hui fêter son rétablissement. J'ai voulu moi aussi, lui faire mon offrande, et j'ai écrit pour mi, seule, une petite lettre tournée de mon mieux. Je voud qu'il en eût toute la surprise, et pour cela tu serais bien bonne de la lui remettre avec un bouquet, veux-tu? (Elle lui donne la lettre.)

CLAUDINETTE. Au lieu d'une femme, M. Edouard rencontre un ange, et il le méconnaît... Oh! les hommes!...

Air : de *Turenne*.

Oh! les hommes, quelle engeance!
Si j'en tenais un par hasard,
Il apprendrait, à ma vengeance.
Que je diffère du lézard.
Quand on fit le monde où nous sommes,
On pouvait bien, en vérité,
En inventant l'humanité,
Se passer d'inventer les hommes.

SCÈNE VII.
Les Mêmes, PETIT-LOUIS.

PETIT-LOUIS, entre, une lettre à la main. Pardon, mesdames, mesdemoiselles et la compagnie. Voici une lettre qu'un domestique en grande livrée m'a remise pour M. de Sivry.

CLAUDINETTE. Voyons, donne! (Elle prend la lettre.)
PETIT-LOUIS. Mais c'est pour M. Edouard!
CLAUDINETTE. J'ai bien entendu. (Sentant la lettre.) Hum! c'est d'une femme... cela t'intéresse, Marianne!
MARIETTE. Moi?
CLAUDINETTE. Sans doute! de qui cela peut-il venir?... un domestique en grande livrée. Si j'osais! Après tout, en guerre, on surprend les dépêches de l'ennemi, on les lit, cela se fait. Or, j'ai toujours entendu dire : en amour comme en guerre... bah! (Elle décachète la lettre et la tend à Mariette.) Tiens, lis.
MARIETTE. Mais!
CLAUDINETTE. Va donc! en amour comme en guerre, ainsi! Mariette lit.)
PETIT-LOUIS. C'est qu'on attend la réponse.
CLAUDINETTE. Eh bien, nigaud, le moyen de donner la réponse, c'est de voir ce qu'on demande.
PETIT-LOUIS. C'est vrai.
MARIETTE. Oh! mon Dieu!
CLAUDINETTE. Quoi? est-ce qu'on annonce que la maison n'est pas solide?
MARIETTE. J'espérais n'avoir à combattre que son souvenir!
CLAUDINETTE. Quel souvenir?
MARIETTE. Regarde.
CLAUDINETTE, lisant. « Depuis trois mois j'avais quitté Paris. A mon retour, je trouve la lettre par laquelle vous m'appreniez votre accident. Mon frère, que j'ai interrogé, m'a dit qu'une longue maladie en avait été la suite. Je désire vous voir. Êtes-vous seul? pouvez-vous me recevoir? J'attends?
HÉLÈNE. » (Parlé.) Hélène!
MARIETTE. C'est le nom qu'il me donnait dans son délire, celui de madame d'Esparville.
CLAUDINETTE. La créole! j'y suis...
MARIETTE. Cette femme, je ne la connais pas, et il me semble que je la hais. Si elle voit Edouard, je suis perdue, que faire? Petit-Louis, dis que M. de Sivry est sorti, que tu ne l'as pas vu.
PETIT-LOUIS. Très-bien!
CLAUDINETTE. Du tout, Petit-Louis, dis que M. de Sivry est chez lui, qu'il est seul, qu'il attend.
PETIT-LOUIS. Très-bien!
CLAUDINETTE. Tu entends? qu'il est seul.
PETIT-LOUIS. Soyez tranquille! qu'il est seul. (A part.) Encore quelque farce qu'elle veut faire. Ce pays Latin est si drôlement habité! ni hommes, ni femmes, tous farceurs.
CLAUDINETTE. Va donc!
PETIT-LOUIS. Voilà! voilà! qu'il est seul.

SCÈNE VIII.
Les Mêmes, moins PETIT-LOUIS.

MARIETTE. Claudine, que comptes-tu faire?
CLAUDINETTE. Moi? m'en aller.
MARIETTE. Et moi?
CLAUDINETTE. Toi, tu vas la recevoir, cette belle dame en grande livrée.
MARIETTE. Oh! jamais! pourquoi l'avoir empêchée de croire qu'Edouard était sorti!
CLAUDINETTE. Que tu es enfant! si elle ne vient pas ici aujourd'hui, elle reviendra demain, et il ne faut pas qu'elle revienne... comprends-tu?!.. ah! mais non!
MARIETTE. Que lui dirai-je?
CLAUDINETTE. Tu lui diras qu'Edouard t'aime et qu'elle aime toi. Enfin, tu lui feras comprendre qu'elle n'a rien à faire ici.
MARIETTE. Je n'oserai jamais.
CLAUDINETTE. Tu n'oseras pas, dis-tu? mais elle ne te manquera pas, cette ogresse d'amour : la force d'une femme, ma chère, c'est sa beauté. Va bien te regarder dans ton miroir avant de lui parler. Tu verras comme tu es forte! allons, va ; moi je cours chercher ton bouquet.
MARIETTE. Claudine!
CLAUDINETTE. Du courage! (Elle sort.)
MARIETTE, seule. Mon Dieu! j'ai peur comme si j'allais faire une mauvaise action. (Elle sort.)

SCÈNE IX.

MADAME D'ESPARVILLE, elle a un mouchoir à la main; à son domestique qui a ouvert la porte du fond : Attendez là, Joseph. (La porte se ferme.) Personne! voilà une réception peu empressée. Une toilette à faire, sans doute. Coquetterie bien inutile! (Elle s'assied.) Pauvre garçon, il a peut-être attribué ma démarche à un sentiment... Au fait! on s'y tromperait! je me repens presque d'avoir eu l'idée de venir. Cependant, je le devais, j'ai trouvé à mon retour une lettre si suppliante! il était mourant, lorsqu'il l'a écrite. Je n'ai pas reçu cette lettre alors, puisque j'étais absente, mais il l'ignore, et il a dû croire à une froide cruauté de ma part, et depuis trois mois... Oh! oui! je lui devais, je me devais à moi-même de justifier mon silence. Je n'aime pas M. de Sivry, mais je le tiens pour un garçon de cœur, et je veux qu'il sache de ma bouche que si je ne partage pas ses sentiments, du moins, je ne m'en fais pas un jeu de coquetterie lâche et cruel. Oui, je devais venir! (Elle se lève, se promène et s'approche du piano pour feuilleter les cahiers de musique.) Mais décidément, M. de Sivry veut se faire désirer!... les rôles changent : je crois être attendue, et c'est moi qui attends. Tiens! les *adieux* de Schubert. Il paraît que M. Edouard est fidèle à ses souvenirs. Il avait fait des vers pour moi, sur le rythme de ce morceau... je me les rappellerais, je crois... voyons donc, cela le fera peut-être venir! (Elle se met au piano, pose son mouchoir sur la tablette et prélude. — Pendant le prélude, Mariette paraît).

SCÈNE X.
MARIETTE, MADAME D'ESPARVILLE.

MADAME D'ESPARVILLE.
Voici l'instant suprême,
L'instant de nos adieux,
O toi, seul bien que j'aime,
Sans moi, retourne aux cieux !

(Mariette s'est approchée. Madame d'Esparville l'aperçoit.)
Quelqu'un! Mademoiselle, M. de Sivry n'est-il pas chez lui?
MARIETTE. M. de Sivry ne peut recevoir personne.
MADAME D'ESPARVILLE. Pourtant, on m'avait dit... Serait-il plus malade? mon Dieu! mademoiselle, peut-être faites-vous erreur. Cette exclusion ne peut s'appliquer à moi, je suis sa parente.
MARIETTE. C'est impossible, madame, Edouard n'a aucun parent à Paris.
MADAME D'ESPARVILLE. Comment savez-vous cela, mademoiselle?
MARIETTE. Je sais toutes les affaires d'Edouard.
MADAME D'ESPARVILLE. à part. D'Edouard!... (haut.) Du moins, mademoiselle, puisque vous connaissez toutes les affaires de M. de Sivry, puis-je savoir de vous s'il est vrai qu'il ait été blessé dans une querelle, à propos d'une fille d'auberge?
MARIETTE. D'une fille d'auberge, oui, madame.
MADAME D'ESPARVILLE. Et que cette blessure fut dangereuse?
MARIETTE. Dangereuse à en mourir, oui, madame, (Geste de madame d'Esparville) mais rassurez-vous, il est sauvé maintenant, sauvé par les soins, le dévouement de cette fille d'auberge qui n'a pas quitté son chevet, alors que la femme qu'il aimait payait son amour du plus lâche abandon.
MADAME D'ESPARVILLE. De qui parlez-vous, mademoiselle?
MARIETTE. D'une femme que, dans son délire, il appelait nuit et jour; d'une femme dont il se croyait aimé et qui, pendant trois mois, n'a pas même pris la peine de faire demander s'il était mort ou vivant, d'une femme dont lui seul m'a appris le nom, à son insu... de madame Hélène d'Esparville.
MADAME D'ESPARVILLE. Mademoiselle... je veux bien croire que vous ne savez ni ce que vous dites, ni à qui vous le dites; je m'étonne seulement que M. de Sivry ait donné à quelqu'un le droit d'insulter chez lui ceux qui y viennent pour lui, et qui que vous soyez ici...
MARIETTE, l'interrompant. Je ne suis rien, madame, qu'une pauvre fille d'auberge, qui serais morte pour lui, si ma mort avait été nécessaire pour le sauver. (Elle porte la main à ses yeux.)
MADAME D'ESPARVILLE, remarquant la bague d'Edouard au doigt de Mariette. Qui vous a donné cette bague?
MARIETTE. C'est Edouard.

MADAME D'ESPARVILLE. Je comprends tout maintenant, je vois quels sont vos droits, et je devine les craintes que vous avez en me voyant. Rassurez-vous, mademoiselle, je n'ai rien à vous prendre, car, Dieu merci ! je n'ai rien à vous envier !
MARIETTE. Madame !
MADAME D'ESPARVILLE. Assez, mademoiselle, un mot de plus entre nous rapprocherait la distance qui nous sépare. Je me retire. Me voilà bien rassurée sur le compte de M. Édouard, puisqu'il est entre vos mains. Quant à vous, mademoiselle, je ne doute pas que vous ne trouviez quelque jour la récompense de votre belle conduite. (Elle sort.)

SCÈNE XI.

MARIETTE seule. Partie ! Édouard ne la verra pas aujourd'hui... jamais... après cet affront... pourtant, si elle revenait ! oh ! non, non, c'est impossible, mais lui, l'oubliera-t-il, enfin ? (Elle aperçoit sur le piano le mouchoir laissé par madame d'Esparville.) Ce mouchoir, il est à elle... (Elle regarde le chiffre.) Son chiffre ! c'est bien cela ! quel parfum ! oh ! c'est celui dont Édouard veut que je me serve. Je comprends... je comprends... musique, parfums, tout... tout... c'était pour elle... pour se la rappeler ; il ne m'aime pas, il ne m'a jamais aimée ! (Elle tombe sur la causeuse.)
CLAUDINETTE entrant. Quel bruit, quel vacarme ! ils ont pris la cuisine d'assaut ! voilà ton bouquet !..

SCÈNE XII.

FRÉDÉRIC, LÉONCE, RÉMY, ZOÉ, RISETTE, ÉTUDIANTS, CLAUDINETTE, puis ÉDOUARD. (Les Étudiants entrent en tenant des plats.)

CHOEUR,
Air : Dames de la Halle.

TOUS.
Nous avons du coup, quelle gloire,
Enfoncé tous les marmitons.
Tons, tons, tons, tons, tons, tons !
Pour célébrer notre victoire,
Que n'avons-nous des mirlitons ?
Tons, tons, tons, tons, tons, tons !

LÉONCE.
Pour nous emparer des hors-d'œuvre,
Nous avons fait plus d'un chef-d'œuvre !

FRÉDÉRIC.
Si bien qu'à la fin du combat,
Ayant chacun notre plat,
Nous avons bien mérité,
Sinon l'immortalité,
Du moins une part copieuse ;
Car la dent que, si furieuse,
Nous leur gardions, c'était une dent creuse.

Voilà un festin servi au doigt... et à l'œil !..
ZOÉ. De l'œil à la bouche... il n'y a qu'un pas.
RÉMY. Enfoncé les marmitons !
ZOÉ, qui tient une oie à laquelle il manque une patte. Il n'y a que ma bête qui a perdu une patte dans la bataille : restée aux mains de l'ennemi.
FRÉDÉRIC. Eh ! vous autres, tous les comestibles sur le pont ! allons ! au couvert !
TOUS. Au couvert !
FRÉDÉRIC. Allons, Zozo, votre légume !
ZOÉ, indiquant son plat. Il faut m'en séparer !... va, ma chérie...

REPRISE DU CHOEUR.
(Ils remontent et vont placer les plats sur une table qu'on a disposée dans la pièce d'entrée, puis se mettent eux-mêmes à table.)

CLAUDINETTE, bas à Mariette. Eh bien ?
MARIETTE. Je l'ai vue.
CLAUDINETTE. Tu lui as parlé ?
MARIETTE. Oui.
CLAUDINETTE. Ferme ?
MARIETTE. Oui.
CLAUDINETTE. Ça va bien. (Édouard paraît.)
TOUS. Ah ! bravo ! Édouard, à table !
ÉDOUARD, préoccupé. Je suis à vous. (A Claudinette.) Claudinette, Petit-Louis m'a dit qu'il vous avait remis une lettre pour moi.
MARIETTE, à part. Ah ! nous sommes perdues !
CLAUDINETTE, lui remettant la lettre et le bouquet. Oui, vraiment, une lettre d'une dame, plus un bouquet.
ÉDOUARD. Donnez. D'une dame ? Si c'était d'elle !...
(Il pose le bouquet, décachète la lettre et lit.)
MARIETTE. Que va-t-il dire ?
CLAUDINETTE. Il va te sauter au cou, méfie-toi !
ÉDOUARD, froissant la lettre et la jetant avec impatience. Encore un espoir déçu !
MARIETTE. Ma pauvre lettre ! il ne l'a pas même lue.

CLAUDINETTE. Monsieur Édouard, vous ne faites pas à cett lettre l'accueil qu'elle mérite.
ÉDOUARD. Comment, vous savez !...
CLAUDINETTE. Je sais que pour écrire cela, Marianne a pass autant de nuits à étudier qu'elle en avait passé à vous soi gner, et que cette lettre, écrite avec son cœur, devrait fair tressaillir le vôtre de plaisir !... Mes enfants, écoutez tous style de Mariette. (Tous les personnages redescendent et écoutent.) « Mo ami, c'est aujourd'hui jour de fête pour tous ceux qui vou aiment. J'ai voulu me joindre à vos amis pour vous offri mon bouquet. A ce bouquet, j'ai ajouté l'échantillon d'u petit talent qui m'a donné bien du mal à acquérir. Mais tenais, quand les circonstances m'auront éloignée, à pouvo encore causer de loin avec vous par le moyen des lettres, san vous exposer à trouver dans les miennes de certaines chose que les femmes les plus ignorantes disent si bien et qu'elle écrivent quelquefois si mal, ce qui fait rire les hommes ; ca ils ont l'habitude de ne pas faire plus d'attention à une joli pensée, quand elle est mal exprimée, qu'à une jolie femm quand elle n'est pas bien mise.
TOUS. C'est gentil, ça !
CLAUDINETTE, continuant. « Ma lettre vous prouvera au moi que je m'efforce chaque jour de faire des progrès en tou pour vous être plus agréable, et que la seule chose où n'en puisse faire aucun, c'est l'affection que je vous ai voué Mariette. »
ZOÉ, poussant un gémissement. Mes enfants, c'est éloquent comm du Chateaubriand... aux pommes !
LÉONCE. Ce n'est pas de la prose, c'est de l'ambroisie.
FRÉDÉRIC. Dire qu'elle a appris la grammaire !
ÉDOUARD. Elle aurait mieux fait d'apprendre à coudre.
MARIETTE, à Claudine. Oh ! c'en est trop !
FRÉDÉRIC, à Édouard. Comment ! tu trouves une fille d'E qui n'aime pas les pommes, et c'est comme cela que tu reçois !
MARIETTE. Laissez, laissez, Frédéric ! M. de Sivry a ses h meurs noires ; je sais ce qu'il faut pour les dissiper.
CLAUDINETTE. Que vas-tu faire ? (Mariette prélude les Adieux Schubert.)
LÉONCE. Oh ! les Adieux !... Air nouveau et peu connu.
TOUS. Assez !... Édouard, à table ! (Ils remontent, à l'exception Frédéric et Claudinette.)
ÉDOUARD. Mariette, pourquoi cet air en ce moment ?
MARIETTE. Il vous rappelle de si doux souvenirs !
ÉDOUARD. Que signifie ?...
MARIETTE. Écoutez ! (Elle chante.)
Voici l'instant suprême,
L'instant de nos adieux.
ÉDOUARD. D'où tenez-vous ces paroles ?
MARIETTE, chantant.
O toi, seul bien que j'aime,
Sans moi retourne aux cieux.
ÉDOUARD. Mariette, qui vous a dit ces vers ? comment save vous ?...
MARIETTE, elle lui tend le mouchoir laissé par madame d'Esparv Voici qui vous le dira.
ÉDOUARD. Ce mouchoir... un chiffre !... Hélène !... elle venue !
MARIETTE. Oui.
ÉDOUARD. Elle est venue ? (Après une pause et se contenant à pei Pourquoi n'est-elle plus là ?
MARIETTE. Parce qu'on lui a dit que sa place est prise d votre cœur.
ÉDOUARD. Qui ? qui lui a dit cela ?... Mais répondez donc
MARIETTE. Moi.
ÉDOUARD. Vous ! Et de quel droit ? Hélène ! Hélène... chas par vous !... (avec colère) par vous !... (Avec exclamation.) A malheureuse !... (Il fait un pas vers Mariette.) A mon tour, je v ch.....
MARIETTE. Arrêtez ! Mariette vous a compris ; elle va qui cette maison, où sa présence devient insupportable. Ell commis un bien grand crime, en vérité ! En échange de affection sans bornes, elle demandait, elle espérait un d'amitié... (A Claudinette.) Ah ! ah ! tiens, emmène-moi, Cl dine ! emmène-moi !
ÉDOUARD. Mariette !
CLAUDINETTE. Viens ! on n'est pas assez riche ici pour p ton dévouement. Viens !
FRÉDÉRIC, à Édouard. Eh bien, es-tu content, maintenant tu l'as brisée, ta boîte à musique ?...

ACTE TROISIÈME
LA CLOSERIE DES LILAS.

L'intérieur du jardin. Illuminations. — Au premier plan, à droite, une table sous un bosquet. — A gauche, tables et tabourets. On entend dans le fond l'orchestre qui joue une polka.

SCÈNE PREMIÈRE.
LÉONCE, RISETTE, FOLLEMÊCHE, ÉTUDIANTS, GRISETTES, PETIT-LOUIS en garçon de café.

CHŒUR.
Air nouveau de M. ORAY.

Vive le bal, vive la danse,
Beaux cavaliers, jolis minois,
Que deux à deux vite on s'élance,
Beaux cavaliers, faites vos choix.

LÉONCE.
Comme une anguille,
Fille gentille,
Que l'on frétille,
Qu'on fasse mille tours,
Qu'on se démène
Et que l'on prenne
Des airs de reine...
De reine des amours.

LE CHŒUR.
Vive le bal, etc.

(Après le chœur, l'orchestre continue la polka pendant le dialogue qui suit.)

RISETTE. Oh! une polka! un danseur pour la polka!
FOLLEMÊCHE, en gandin. Mademoiselle, si vous voulez bien...
RISETTE. Un rive droite! Vous êtes un rive droite, jeune homme?
FOLLEMÊCHE. Je ne sais pas, mademoiselle... mais pour la polka, si vous voulez bien...
RISETTE. Mossieu... flatté. Monsieur Léonce?
LÉONCE. Voilà!
RISETTE. Nous dansons la polka?
LÉONCE. Ça va!
FOLLEMÊCHE. Mais, mademoiselle, si vous voulez bien...
RISETTE. Merci, mossieu, je suis retenue. Vive la rive gauche!
TOUS. Vive la rive gauche! (Reprise du chœur et sortie générale en polkant.)

SCÈNE II.

PETIT-LOUIS, seul, essuyant les tables. Ah! c'est égal! pour un endroit tranquille et gentil, on peut dire que c'est joliment composé ici! Y en a-t-il assez de ces jolies femmes, et comme il faut! et une musique qui vous travaille les jambes!.. C'est que j'en pincerais tout comme un autre! (Chantant.) Tra, la, la, la, la... (Il danse avec un tabouret et remonte la scène.)

SCÈNE III.
PETIT-LOUIS, FRÉDÉRIC, RÉMY.

FRÉDÉRIC, traînant Rémy. Mais regarde donc devant toi!
RÉMY, regardant derrière. C'est ce que je fais. (A part.) Elle n'y est pas!
FRÉDÉRIC. Bon! Connais-tu l'article du code?.. (Petit-Louis, en dansant, envoie un tabouret dans les jambes de Frédéric.) Animal!
PETIT-LOUIS. Voilà, monsieur!
FRÉDÉRIC. Comment, voilà! Que diable faites-vous donc avec vos tabourets?
PETIT-LOUIS. Je les essaie, monsieur... Tiens! c'est monsieur Frédéric!
FRÉDÉRIC. Malheureusement, c'est moi!... Ah! Petit-Louis! j'aurais dû te reconnaître!... Te voilà garçon de café?
PETIT-LOUIS. Je ne suis ici que pour cette nuit, en extra.
RÉMY, s'approchant. Bonjour, Petit-Louis.
PETIT-LOUIS. Bonjour, monsieur Rémy... Oui, j'entre ce matin même à l'hôtel de la *Côte-d'Or*, rue Mazarine.
RÉMY. Tu changes donc de place tous les jours?
FRÉDÉRIC. Comme les fiacres.
PETIT-LOUIS. Je n'en suis pas plus riche pour ça, allez!
FRÉDÉRIC. Allons, allons, de la philosophie! et de la bière pour Rémy, qui meurt de soif.
RÉMY. Je n'ai pas soif du tout.
FRÉDÉRIC. Raison de plus... Des cigares pour Rémy, qui meurt d'envie de fumer.
PETIT-LOUIS. Voilà, monsieur! (Il sort en courant.)
RÉMY. Mais je ne fume jamais!
FRÉDÉRIC. Veux-tu bien te taire! Tu ne bois pas... tu ne fumes pas!... Ah çà! veux-tu rester mousse toute ta vie, ou devenir un homme, un Lovelace, un don Juan?

RÉMY. Oh! oui, un don Juan!... Qu'est-ce qu'il faut faire pour être un don Juan?
FRÉDÉRIC. Il faut faire tout ce que je te dirai.
RÉMY. Dites tout de suite.
FRÉDÉRIC. Tout de suite?
RÉMY. Oui.

FRÉDÉRIC.
Air des *Deux Gendarmes* (G. NADAUD).

Tu prendras un petit air crâne,
Lorgnon dans l'œil, canne à la main,
Accroche-cœurs et gants de daim.
S'il passe une chaste Suzanne,
Tu t'élances sur son chemin,
Tu lui parles comme un gandin.
Dans ta voix il faut pour lui plaire
Mettre des pleurs à chaque mot.

RÉMY.
Brigadier, je m'en ferai faire,
Brigadier, puisqu'il vous en faut.

FRÉDÉRIC.
Il te faut prendre en ta toilette
Le chic anglais, le col tout droit,
Et le chapeau plus haut que toi.
Il te faut avoir forte tête,
Et prouver partout où l'on boit
Que nul ne te fera la loi...
La moustache est bien nécessaire,
Tu n'en a pas, c'est un défaut...

RÉMY.
Brigadier, etc.

FRÉDÉRIC. Enfin, il faut se dégourdir, rire beaucoup, boire beaucoup, fumer beaucoup.
RÉMY. Et puis?
FRÉDÉRIC. Et puis, on fait sa déclaration, et si on peut l'accompagner d'une galanterie aux truffes chez la rôtisseuse ou ailleurs...
RÉMY. On est sûr de plaire.
FRÉDÉRIC. Sûr!
RÉMY. Mais si c'est aux dépens d'un ami?
FRÉDÉRIC. Fleur d'innocence! ça n'en est que plus drôle, et tu n'en seras que plus don Juan.
RÉMY. Eh bien, soyez tranquille, je vais faire tout ce que vous m'avez dit.
PETIT-LOUIS, rentre avec la bière et les cigares. La bière et les cigares demandés.
RÉMY. Comment, une canette! Pour qui nous prends-tu Petit-Louis? Six canettes tout de suite!
PETIT-LOUIS. Combien de verres?
RÉMY. Deux verres.
PETIT-LOUIS, avec un étonnement bête. Oh!
RÉMY. Un paquet de cigares.
PETIT-LOUIS, de même. Voilà, Monsieur. (Il sort.)
RÉMY. Vous allez voir. Si je ne lui plais pas, ça ne sera pas de ma faute. (Il allume un cigare par le gros bout.)
FRÉDÉRIC. L'autre bout, donc!
RÉMY. Ça ne fait rien, je le fumerai par tous les bouts; ça n'en sera que plus drôle. (Petit-Louis apporte les six canettes.)
FRÉDÉRIC. Pose ça là. On en demandera tout à l'heure. (Il boit.)
FRÉDÉRIC. Tu vas avaler ton verre?
RÉMY. Ça ne fait rien, je n'en serai que plus don Juan. (Il continue à boire et à fumer avec de grands efforts.)

SCÈNE IV.
LES MÊMES, RISETTE, ÉTUDIANTS, GRISETTES.

CHŒUR.
Air : *Polka des vieilles gardes*.

Après la danse, l'amour
Fait chaque jour
Et tour à tour
Notre temps court.
Après la danse et l'amour
Vient à son tour
La bière de Strasbourg.

RISETTE. Au feu! au secours! j'étouffe!
FRÉDÉRIC. Qui est-ce qui brûle?
RISETTE. Ah! mes enfants, j'ai un incendie dans l'estomac! Garçon, de la bière!
PETIT-LOUIS. Voilà, Monsieur.
UN ÉTUDIANT. Garçon, du coco.
PETIT-LOUIS. Voilà, Madame.
RISETTE. Garçon! du sirop, de l'eau, de la tisane, n'importe quoi, mais à boire.
PETIT-LOUIS, Voilà, Monsieur. Voilà, voilà, voilà!
FRÉDÉRIC, le retenant. Garçon, rien du tout.
RISETTE. Pourquoi ça! il faut donc périr de la pépie!

FRÉDÉRIC. Parce que... attendez-vous à être étonnés... Je vous offre...
TOUS. Oh !
FRÉDÉRIC. Oui, je vous offre à tous, sans distinction d'âge, de sexe, ni de couleur de cheveux, des rafraîchissements gratuits sous cette verte tonnelle.
TOUS. Bravo, bravo !
FRÉDÉRIC. C'est moi qui offre.
UNE VOIX. Très-bien !
FRÉDÉRIC. Et c'est Rémy qui paie.
TOUS. Vive Rémy !
RÉMY, s'approchant de Frédéric en faisant la grimace. Elle n'est pas bonne la bière ! oh ! non, elle n'est pas bonne !
FRÉDÉRIC. C'est le premier verre.
RÉMY, de même. Le premier verre ! J'en ai bu au moins six, et ces cigares-là, quel drôle de goût.
FRÉDÉRIC. C'est pour ton bien.
TOUS. Rémy, viens donc, eh !
RÉMY, avec effroi. Touchez pas ! touchez pas !
FRÉDÉRIC. Laissez-le, laissez-le ! Il demande à savourer sa gloire dans un endroit solitaire.
RÉMY. Oh ! Claudinette, pour vous plaire, si vous saviez ce que j'éprouve ! (Frédéric sort en soutenant Rémy. Tout le monde s'assied aux tables. On verse de la bière, on boit.)

CHOEUR.
Air nouveau de M. ORAY.
ENSEMBLE.
Après une danse entraînante,
Le vrai plaisir
Est de se rafraîchir.
Chacun boit, rit, fume ou chante
Jusqu'au signal
Du galop infernal.

RISETTE.
Dans la richesse, il n'est rien qui me plaise,
Les grands atours causent de l'embarras,
Sans falbalas on est bien plus à l'aise
Pour redowser au milieu des lilas.

PETIT-LOUIS.
Pays latin, tes fils toujours en fête
M'ont su charmer par leur joyeux entrain ;
Pourvu qu'ils aient leur pipe et leur canette,
Ils n'ont jamais souci du lendemain.

REPRISE.
Après une danse entraînante, etc.

SCÈNE V.

LES MÊMES, moins FRÉDÉRIC et RÉMY, ALBERT, LÉONCE.

Albert et Léonce entrent, bras dessus, bras dessous dans l'attitude d'une conversation commencée.

ALBERT. En effet, il y a longtemps qu'on ne m'a vu ici.
LÉONCE. Plus de trois mois, mon cher Albert.
ALBERT. Oui, d'abord, j'ai voyagé avec ma sœur.
LÉONCE. Madame d'Esparville, n'est-ce pas ?
ALBERT. La connaissez-vous ?
LÉONCE. Je n'ai pas cet honneur. J'ai entendu seulement prononcer son nom par un de nos camarades, qui, je crois, est lié avec votre famille, Édouard de Sivry.
ALBERT. Je l'ai fort peu vu, moi ; mais je connais ses exploits ; un monsieur qui bat les femmes pour s'en débarrasser.
LÉONCE. Oh ! il ne va pas jusqu'au bâton.
ALBERT. A peu près. Ne m'a-t-on pas raconté des jours-ci l'histoire d'une jeune fille qui lui a sauvé la vie, et qu'il a presque chassée de chez lui.
LÉONCE. Mariette !
ALBERT. C'est cela... Vous voyez qu'au bâton près, il ne vaut guère mieux que je ne disais.
LÉONCE. Diable ! Si vous le connaissez peu, vous paraissez l'aimer encore moins.
ALBERT. Il y a des antipathies qu'on n'explique pas. Le nom seul de M. de Sivry me porte sur les nerfs, et je donnerais beaucoup pour avoir à lui disputer quelqu'une de ces conquêtes dont il fait tant de bruit, et dont il use si mal.
LÉONCE. Cependant, depuis que Mariette est partie, il est comme un corps sans âme ; il la cherche partout, et comme il ne la trouve nulle part, il est désespéré.
ALBERT, lui prenant le bras et se promenant. Bah ! il ne tardera guère à venir ici noyer son chagrin avec certaines petites folles qui adorent le bal et qui viennent sautiller après leur journée faite. Il y en avait de bien joyeuses, je me rappelle la petite Risette...
LÉONCE. Toujours rieuse et bonne fille.
ALBERT. La grosse Zoé...
LÉONCE. Zozo, la femme calembour ! Oh ! toujours bruyante, gourmande et cultivant bien moins l'orthographe que cuisinière bourgeoise.
ALBERT. Et Claudinette ?
LÉONCE. Disparue, mon cher... envolée, établie je ne sais où... une cigale... devenue fourmi.
ALBERT. Vraiment !
LÉONCE. Et tenez, j'entends une voix flûtée qui n'a pas pareille... C'est la Zoé en question.
ALBERT. Je la reconnais.

SCÈNE VI.

LES MÊMES, ZOÉ.

ZOÉ. Bonsoir, tout le monde... pas mal, et vous ? merci ! (Apercevant Albert.) Tiens, M. Albert.
ALBERT. Bonsoir, Zoé.
ZOÉ. Vous voilà donc revenu de l'autre monde ?
ALBERT. Ce que vous appelez l'autre monde, c'est le nouveau monde, l'Amérique.
ZOÉ. Oui, enfin il faut traverser les mers.
ALBERT. Justement !
ZOÉ. Eh bien, je trouve que vous avez été pour traverser les mers lent.
LÉONCE. Oh ! Zozo, je vous défie de dire trois mots sans lembour.
ZOÉ. J'en dirai quatre sans calembour.
ALBERT. Si vous continuez, je retourne en Amérique.
ZOÉ. Ça m'est égal, vous irez sans moi, je n'ai pas le pied malin. Je préfère la *Closerie des Lilas*.
ALBERT. C'est donc toujours votre passion ?
ZOÉ. Oh ! la Closerie ! parlez-moi de ça. C'est là que ma bouche, même quand elle est close, rit.

Air : *Me voilà*.
Dieu merci, (ter)
Moi, j'adore la Closerie.
Est-il terre, où vivant sans souci
On chante, on rie
Plus qu'ici ?
Plus d'un innocent daim
Vient dans ce jardin
Faire le gandin,
Puis en paladin
Il m'offre soudain
D'un air anodin
Son amour et sa main.
Je lui refuse, hélas !
Avec embarras,
Son cœur et son bras ;
Mais pour qu'on ce cas
Il ne perde pas
Sa peine et ses pas,
J'accepte des babas.
C'est, sans conséquence, une douzaine de babas après ner... ça fait digérer.

REPRISE.
Dieu merci, etc.

TOUS ENSEMBLE.
Dieu merci, etc.

ALBERT. Toujours rieuse !
ZOÉ. La vie est si courte... Mais dites donc, qu'est-ce nous allons faire pour fêter votre retour ?
ALBERT. Voulez-vous danser ?
ZOÉ. Merci... ça creuse !... voulez-vous faire une partie toupie hollandaise ?
ALBERT. Vous ne savez pas jouer.
ZOÉ. Bah !... vous aurez le plaisir de nous offrir les lots que vous gagnerez.
ALBERT. Ma foi... volontiers.
LÉONCE. Toujours grand seigneur...
ALBERT. Ça coûte si peu !...

CHŒUR DE SORTIE.
Air nouveau de M. ORAY.
Secondez notre désir,
C'en est une (bis)
Qu'un moment de vrai plaisir.

ZOÉ.
Amis, nous courons au jeu
Sans quitter la France.
Rien qu'un peu (ter)
D'adresse ou de chance ;
Et bientôt nous rapportons
Les choses les plus belles,
Des crécelles (bis)
Et des mirlitons.
(Ils sortent.)

SCÈNE VII.

MARIETTE, CLAUDINETTE Elles sont toutes deux vêtues de même.

CLAUDINETTE, amenant Mariette. Viens donc !... de quoi as-tu peur ? folle ! Me crois-tu ton amie ?...

MARIETTE. Mon amie ! ma sœur ! sans toi, sans cette petite fortune que tu as rapportée de Joigny, et que depuis quinze jours tu partages avec moi, comment aurais-je fait pour vivre sans misère ou sans honte?

CLAUDINETTE. C'est bon ! c'est bon ! nous avons autre chose à faire que de parler de cela... d'abord, tu vas me changer bien vite cette physionomie de propriétaire qui a des logements vides. Il me faut un sourire sur cette bouche-là.

MARIETTE. Je me sens si triste !

CLAUDINETTE. Tu sais nos conventions... Si depuis quinze jours je m'évertue à te montrer une foule de jolies danses, polkas, mazurkas, etc., ce n'est pas pour que tu viennes ici soupirer, pleurer, mais bien pour que tu y viennes rire et danser.

MARIETTE. A quoi bon cette comédie ?...

CLAUDINETTE. A quoi ?... à convaincre ton M. Edouard, qui vient ici tous les jours de bal, depuis ton départ, que tu ne penses guère à lui.

MARIETTE. Pourtant...

CLAUDINETTE. Veux-tu, oui ou non, le punir de son ingratitude et de sa méchanceté ?...

MARIETTE. Ce serait justice...

CLAUDINETTE. Certes !... et la plus cruelle punition que tu lui puisses infliger, c'est ton indifférence ; qu'il y croie, et son amour-propre te vengera bien de lui, va.

MARIETTE. Mais comment pourrai-je paraître telle que tu veux ?

CLAUDINETTE. La belle affaire ! tu trouveras ici plus d'un modèle ; tu n'as qu'à copier.

MARIETTE. Je vais essayer.

CLAUDINETTE. C'est ça, essaie, monte-toi un peu la tête, ris, chante, au le diable au corps... Et pour commencer, tu vas noircir tes jolies dents avec la fumée d'une cigarette, et tremper tes lèvres roses dans ce vilain poison qu'on nomme absinthe ! Garçon !

SCÈNE VIII.

LES MÊMES, PETIT-LOUIS.

PETIT-LOUIS. Bon !

CLAUDINETTE. Servez-nous là, sous ce bosquet, afin que personne ne nous voie, une grande carafe d'eau frappée et deux petites absinthes.

PETIT-LOUIS. Panachées ?...

CLAUDINETTE. Très-panachées... comme des chapeaux d'anglais en voyage...

PETIT-LOUIS, reconnaissant Claudinette et Mariette. Ah !...

CLAUDINETTE. Pourquoi nous regarder comme un numéro de l'exposition agricole? Est-ce que nos robes sont à l'envers?

PETIT-LOUIS, avec stupéfaction. Mam'zelle Marianne !

MARIETTE. Mais oui, mon bon Petit-Louis.

PETIT-LOUIS. J'aurais cru voir le soleil en plein minuit, plutôt que vous en plein bal.

CLAUDINETTE. Qu'est-ce que tu nous chantes ?... Est-ce que le bal n'est pas fait pour tout le monde, quand on veut s'amuser. Allons !... deux absinthes, et dépêche-toi !

PETIT-LOUIS. On y va. (A part.) Et moi qui l'aimais, cette Marianne !... car je l'aimais à part moi ; je ne le lui aurais jamais dit, bien sûr ; mais maintenant, oh ! elle l'ignorera toujours.

CLAUDINETTE. Ah ! çà, Petit-Louis, est-ce qu'il faut t'écrire par la poste, pour avoir deux absinthes?

PETIT-LOUIS. Oh !... (Il sort.)

MARIETTE. Pauvre garçon !... lui qui m'a connue à la *Bonne cave*, servant de la piquette avec lui, il est tout attristé de me voir ici...

CLAUDINETTE. Tu vas t'apitoyer maintenant sur les tristesses de M. Petit-Louis ?

MARIETTE. Cela me rappelle...

CLAUDINETTE. Rappelle-toi Edouard, voilà tout. On va venir, allons ferme !... Le feu aux poudres, et face à l'ennemi.

SCÈNE IX.

LES MÊMES, sous la tonnelle, FRÉDÉRIC, RÉMY, ALBERT, LÉONCE, ZOÉ, RISETTE, ÉTUDIANTS, GRISETTES. Ils ont tous des mirlitons et des crécelles et entourent Albert, qui cherche à se débarrasser.

ZOÉ. Messieurs, mesdames et les étrangers, voilà l'homme le plus charmant, le plus gracieux, le plus aimable, le plus choknosof de la France et du pays Latin... Je le proclame roi du mirliton, vive le roi du mirliton...

TOUS. Vive le roi du mirliton !...

CLAUDINETTE. Vive le roi du mirliton !

FRÉDÉRIC. Saperlipopette !... voilà une voix que je connais !...

RÉMY. C'est elle, mon cœur me le dit...

CLAUDINETTE. Me voilà !

TOUS. Claudinette !

FRÉDÉRIC. Claudinette ! Enfin !... nous direz-vous pourquoi, depuis quinze jours, vous avez défendu votre porte à tous vos amis ?

CLAUDINETTE. C'est que derrière ma porte, il y avait un trésor.

TOUS. Un trésor ?...

ALBERT. Quelle est cette merveille?

CLAUDINETTE. Voyez !

FRÉDÉRIC. Mariette ! (Allant à elle.) Que je suis heureux de vous revoir !

TOUS. Mariette !...

CLAUDINETTE. C'est Mariette, ma meilleure amie.

ALBERT. Mariette. (Bas à Léonce.) Est-ce cette Mariette dont nous parlions tout à l'heure?

LÉONCE. Justement.

CLAUDINETTE. Et comme les amis de nos amis sont des amis, j'espère que Mariette est déjà des vôtres ?

ALBERT. Mademoiselle a déjà toute ma sympathie... c'est dire qu'elle aura bientôt toute mon amitié.

ZOÉ. Mon instrument est accordé... Quand un instrument est accordé, c'est pour jouer un air?

RISETTE. Joue-nous l'ouverture de *la Favorite*.

LÉONCE. Ou la mère Angot.

FRÉDÉRIC. Entre les deux, je ne balance pas ; pour célébrer l'arrivée de Mariette à la *Closerie*, je propose la ronde du pays latin.

TOUS. La ronde !

ZOÉ. Claudinette, on le Rossignol de la *Closerie*, le premier couplet.

CLAUDINETTE. Je veux bien, à condition que Mariette en chantera un.

MARIETTE. Mais non !

TOUS. Oui, oui.

MARIETTE, bas à Claudinette. Puis-je chanter en ce moment?

CLAUDINETTE, de même. En ce moment, plus que jamais, il le faut.

MARIETTE. Soit !

FRÉDÉRIC. Voyons, l'orchestre attend.

CLAUDINETTE. Méfiez-vous ! je commence.

Air nouveau de M. ORAY.

Il est encore un pays de Gocagne,
En plein Paris, et très-loin du Pérou,
Où la gaîté remplace le champagne,
Où l'on est riche en n'ayant pas un sou.
Là, sous les toits, l'amour, perché sans honte,
De son nid jette à tout vent sa chanson,
Et si parfois chez lui le code monte,
Code, amour, chant, tout marche à l'unisson.
   Voilà comme on vit,
   Voilà comme on rit,
Comme on chante soir et matin,
   Voilà comme on vit,
   Voilà comme on rit,
Dans notre beau pays latin.

LÉONCE.

Pour nous le monde à deux pas se termine.
Nos pôles sont : le sud au Luxembourg,
Le nord au plus rue on place Dauphine ;
Entre les deux siège le calembour.
Tous nos palais tiendraient dans une coge,
Mais ils ont tous comme un reflet des cieux ;
Car dans la nuit, à défaut d'éclairage,
Tous voient briller l'éclair de deux beaux yeux.
   Voilà comme on vit, etc.

FRÉDÉRIC.

Pour bien des gens, par la vieille coutume,
L'étudiant est un monstre éhonté,
Qui va nu-pieds, qui crie, qui boit et fume,
Sans feu l'hiver, sans chemise l'été...
Sans nous targuer d'une austère étiquette,
On peut chez nous trouver des élégants,
Et si, chez soi, l'on garde la casquette,
Dans le grand monde on sait porter des gants.
   Voilà comme on vit, etc.

(Pendant la ritournelle, Édouard entre, traverse la scène et fixe Mariette. Mariette s'approche vivement de Claudinette et lui parle bas avec précipitation.)

MARIETTE, à gauche. Il est là!
CLAUDINETTE. Qui?
MARIETTE. Édouard!
CLAUDINETTE. Ah! tant mieux! à ton tour, chante haut et fort!
MARIETTE. Je tremble... je ne puis.
CLAUDINETTE. Allons donc! le dernier couplet à Mariette.
TOUS. Mariette! Mariette!

MARIETTE, *troublée.*
Elle a donné, cette pauvre fillette,
Toute son âme à son premier amour!
Pour la payer, hélas! on ne lui jette
Qu'indifférence et dédain tour à tour;
Mais fièrement, la voix de sa jeunesse
L'appelle et dit : Reprends ta liberté ;
Va, foule aux pieds une indigne tendresse,
Et désormais sois toute à la gaîté !
Voilà comme on vit, tε.

SCÈNE X.

LES MÊMES, ÉDOUARD, qui est entré entre les deux derniers couplets.

ÉDOUARD, *allant à Frédéric.* C'est bien Mariette qui vient de chanter là !
FRÉDÉRIC. Elle-même.
ÉDOUARD, avec emportement. Oh ! il faut que je lui parle à tout prix.
FRÉDÉRIC, le retenant. Calme-toi.
CLAUDINETTE, à Mariette. Ris donc, parle, anime-toi. Qu'il ne lise pas ton émotion sur ta figure. Tiens, voici une valse, dépêche-toi de danser avec un autre, M. Albert, va...
MARIETTE. Monsieur Albert?
ALBERT. Mademoiselle?
MARIETTE. J'entends les premières mesures d'une valse que j'adore; voulez-vous être mon cavalier.
ALBERT, lui offrant le bras. Vous allez me faire des ennemis, car tous ceux qui nous verront seront jaloux.
ÉDOUARD, s'approchant. Mariette !
MARIETTE. Monsieur?
ÉDOUARD. Un mot !... sacrifiez un moment de plaisir pour m'entendre.
MARIETTE. Après la valse, Monsieur. (Elle s'éloigne au bras d'Albert.)
RÉMY. Claudinette !
CLAUDINETTE. Monsieur?
RÉMY. Un mot... il faut que je vous parle.
CLAUDINETTE. Eh bien, parlez...
RÉMY. Tout bas... c'est que...
FRÉDÉRIC, s'approchant. C'est que...
RÉMY. C'est que je lui demandais de valser avec elle.
FRÉDÉRIC. Eh bien, c'est pour ça que tu parles tout bas?
RÉMY. Dame!
FRÉDÉRIC. Silence dans les rangs.
CLAUDINETTE. Allons, venez... J'accepte !
RÉMY. Oh ! bonheur !
ZOÉ. Léonce, la valse !
LÉONCE. Vous êtes enragée pour la valse?
ZOÉ. J'ai entendu dire que quand on est jeune, il faut manger de la *valse enragée.* (Sortie de tous les personnages par groupes, sur un motif de valse.)

SCÈNE XI.

ÉDOUARD, FRÉDÉRIC.

ÉDOUARD. Elle, Mariette, chantant, valsant avec le premier venu.
FRÉDÉRIC. Mon cher, tu lui as donné la clef des champs, elle en profite.
ÉDOUARD. Elle n'a pu m'oublier ainsi, tu la calomnies.
FRÉDÉRIC. Mariette, plus que toute autre, a besoin de se sentir aimée.
ÉDOUARD. Ne vois-tu pas que je l'aime, moi !
FRÉDÉRIC. Il est un peu tard pour t'en apercevoir; d'ailleurs je ne crois pas à cet amour posthume; tu aimais ainsi ton Hélène, lorsque tu as été séparé d'elle.
ÉDOUARD. Oh non! je ne suis plus le même homme; le brusque départ de Mariette m'a ouvert les yeux; pouvant la voir à toute heure, je ne la regardais pas; c'est depuis que je l'ai perdue, que je sens quel vide s'est fait en moi. C'est depuis... que je la regrette, que je la désire, que je l'aime.
FRÉDÉRIC. Mais, madame d'Esparville?
ÉDOUARD. Écoute; mon amour pour Hélène n'était qu'un caprice violent dont la fortune, le monde, mon amour-propre ont été les complices et les vrais mobiles. L'affection que j'ai pour Mariette est entrée dans mon cœur sans artifices et sans auxiliaires. Un éclair de raison a suffi pour détruire le mirage qui m'attachait à madame d'Esparville. — L'absence, au contraire, m'a révélé à moi-même toute la force de mon amour pour Mariette, et tiens, là, à l'instant, s'il ne fallait qu'engager toute ma vie pour retrouver cette tendresse dont elle a été si prodigue envers moi, sans hésiter j'engagerais ma vie. — Comprends-tu, maintenant, je l'aime. Comprends-tu?
FRÉDÉRIC. Oui, je comprends.

Air d'*Aristippe*.
Toujours épris et toujours hésitant,
Pour l'amour pur, quittant l'amour profane,
Je crois en toi retrouver Buridan,
Et plus encore je crois trouver son âne.
Entre de l'eau claire et du son,
Jadis mourut la pauvre bête.
Mais toi, tu mourras, mon garçon,
Sans eau, sans picotin, sans son,
Sans Hélène et sans Mariette.

ÉDOUARD. Que veux-tu dire, Frédéric? Voyons, parle... parle ouvertement.
FRÉDÉRIC. Tu le veux?
ÉDOUARD. Je t'en prie.
FRÉDÉRIC. Eh bien, mon cher, je crois que tu joues à ravir le rôle du chevalier de la Triste-Figure, et que Mariette...
ÉDOUARD. Mariette?
FRÉDÉRIC. En aime un autre.
ÉDOUARD. Cela ne peut être, cela ne sera pas, je l'aime e j'irai l'arracher, fût-ce au bras...
FRÉDÉRIC. D'un amant?
ÉDOUARD. Un amant! elle! c'est impossible... tu mens... t te trompes.
FRÉDÉRIC. Eh bien, demande-le lui à elle-même, la voic qui vient... vois comme elle s'appuie amoureusement a bras de son cavalier.
ÉDOUARD. Oh ! (Ils s'éloignent en causant.)

SCÈNE XII.

LES MÊMES, ALBERT, MARIETTE. Mariette est au bras d'Albert.

MARIETTE. Quelle délicieuse chose que la valse!... quel ivresse !... quel tourbillon où la tête s'égare et dans lequel o sent contre son cœur un cœur battre à l'unisson.
ALBERT. Ah ! Mariette !... Jamais valse ne m'a semblé si r vissante et si courte...
ÉDOUARD, s'approchant. Mariette!
ALBERT. Mais, monsieur !...
MARIETTE. Laissez!... je connais monsieur, il n'a, je pens que quelques mots à me dire, je suis à vous dans un in tant.
ALBERT. Mais...
MARIETTE. Je vous en prie.
ALBERT. Faites donc... (Il s'éloigne.)
MARIETTE, à Édouard. Que voulez-vous, monsieur?
ÉDOUARD. Mariette! cessez cette comédie.
MARIETTE. Une comédie! si quelqu'un en joue une ici, n'est pas moi, je vous jure!
ÉDOUARD. Mariette! j'ai été brutal, méchant peut-être, premier mouvement a pu m'entraîner trop loin, mais au fo du cœur j'ai pour vous la plus profonde affection. Oh ! o je vous aime.
MARIETTE. Étes-vous bien sûr de ne pas me prendre po madame d'Esparville?
ÉDOUARD. Ce nom ! encore ce nom ! Eh bien, oui, j'ai ai cette femme, j'ai cru l'aimer, que sais-je ? Mais son souve s'est effacé devant votre image. C'est vous, vous seule, q j'aime !
MARIETTE. Dites-moi le contraire, si vous voulez que je v croie.
ÉDOUARD. Vous êtes cruelle; ne voyez-vous pas que souffre?
MARIETTE. C'est votre égoïsme qui souffre... vous n'air plus cette femme, n'est-ce pas? pourtant lorsque vous avez séparé d'elle, qu'avez-vous cherché en moi? son souver rien que son souvenir, vous avez fait de moi une automa une copie vivante... Vous avez voulu régler mon cœur, com on règle une horloge! Ce cœur, peu vous importait de broyer, pourvu qu'en se brisant, il rendit un son doux à oreilles !... Ah ! tenez, ce que vous avez fait, c'est lâche !
ÉDOUARD. Mariette !
MARIETTE. Oui, c'est lâche !
ÉDOUARD. Oh ! pardon, pardon !
MARIETTE. Eh bien, soit ! pour vous désormais, je s morte et perdue, morte à la tendresse sincère et à l'am dévoué, mais par vous, je nais à l'existence vagabonde m'effrayait tant jadis, résolue à tout, prête à étaler en sp

tacle l'insolente ironie de mes prospérités et l'inconstance de mes amours. (A part.) Mon Dieu ! que je souffre ! ce mensonge me brise le cœur.
ÉDOUARD. Mariette ! c'est de la fièvre... de la folie !
MARIETTE. Oh ! je vous connais bien, Édouard ! c'est moi que vous allez aimer, maintenant, que vous ne pouvez plus me ressaisir, c'est moi que vous regretterez : oui, je vous crois... ah ! comme je vais être vengée de tout le mal que vous m'avez fait par le mal que vous vous ferez à vous-même, et comme vous allez souffrir seul, au milieu de vos regrets inutiles.
ÉDOUARD. Écoutez-moi de grâce : ne vous reste-t-il plus des tendresses passées assez d'indulgence au fond de l'âme pour ces deux mots : Oubli et pardon !..
MARIETTE. Jamais ces mots ne sortiront de ma bouche.
ÉDOUARD. Ah ! Mariette, êtes-vous donc sans cœur ?...
MARIETTE. Sans cœur !... parce que je vous repousse ?... Et qui vous dit que ce cœur mort pour une affection ne bat pas pour une autre !... (Musique à l'orchestre jusqu'à la réplique : « il y a un soufflet dedans. » — La scène se remplit de monde.)
ÉDOUARD. Enfin ! voilà, voilà la vérité !... voilà toute votre haine pour moi, Mariette !... vous en aimez un autre ?...
MARIETTE. Adieu !... Monsieur Albert ?...
ALBERT. Enfin, vous me revenez.
ÉDOUARD à Mariette. Répondez... répondez-moi !...
ALBERT. Pardon, monsieur, c'est à moi de répondre pour mademoiselle...
ÉDOUARD. De quel droit ?
MARIETTE, prenant le bras d'Albert. Du droit de mon amour...
ALBERT. Vous entendez, monsieur, ai-je besoin d'affirmer ?...
ÉDOUARD s'approchant. Vous en avez menti...
ALBERT. Monsieur ! ramassez mon gant, il y a un soufflet dedans. (Tout le monde s'approche.)
LÉONCE. De Brevannes !...
ÉDOUARD. De Brevannes ?
FRÉDÉRIC, entre eux deux. Silence ! Entre vous deux, plane au-dessus de Mariette le souvenir de madame d'Esparville. (A Albert.) Je passerai ce matin chez vous, prendre les noms de vos témoins.
MARIETTE. Ah ! mon Dieu ! ils vont se battre !... Claudinette, qu'as-tu fait ! c'est pour moi ..
CLAUDINETTE. Cela devait arriver, c'était dans mes plans, Garçon ! ce qu'il faut pour écrire !...
MARIETTE. Tu n'es pas effrayée !
CLAUDINETTE. Un général ! allons donc. (A part.) On a sa petite idée ! (Elle écrit.)
ALBERT à Frédéric. C'est entendu, voici ma carte !
FRÉDÉRIC. Voilà qui est bizarre, hôtel de la *Côte-d'Or* ! c'est notre hôtel ; Édouard et moi nous étions vos voisins sans le savoir !
ALBERT. La rencontre n'en sera que plus facile !
ÉDOUARD, regardant Mariette. Rien ! rien ! pas un regard, pas un signe...
CLAUDINETTE à part. Et maintenant, à M. Édouard, il faut que la leçon soit complète ! (Haut.) Monsieur Albert ! Mariette vous prie de la reconduire ?
MARIETTE. Que dis-tu !...
ALBERT. Je suis à ses ordres !...
CLAUDINETTE. Monsieur don Juan !
RÉMY. Me voilà, nous allons !
CLAUDINETTE. Vous allez à Meudon !
RÉMY. A Meudon, à minuit !
CLAUDINETTE. Me refusez-vous ?
RÉMY. Non pas !... Que faut-il faire ?
CLAUDINETTE. A tout prix, remettre cette lettre à madame d'Esparville avant une heure.
RÉMY. Et qu'est-ce que j'aurai pour ça ?
CLAUDINETTE. Cette autre lettre que vous remettrez aussi à son adresse, à votre retour !
RÉMY, lisant. M. Remy, à Paris, pour moi !... Oh ! Claudinette, je vole et je vous réponds d'être vite arrivé.
CLAUDINETTE, à Albert et à Mariette. Eh bien, venez !
ALBERT. Où irons-nous ?
CLAUDINETTE. Où nous mènera votre bon plaisir ! (A part.) Dirigé par moi !
ALBERT à Mariette. Est-ce votre avis ?
MARIETTE, lui prenant le bras. Allons !...
ÉDOUARD. Oh !... Mariette !..
FRÉDÉRIC à Édouard. Eh bien, es-tu fixé, maintenant ?...

ACTE QUATRIÈME

La chambre d'Albert à l'hôtel de la *Côte d'or*. Intérieur avec bureau et bibliothèque. Entrée à droite. — Au fond, une fenêtre qui, lorsqu'elle est ouverte, laisse voir une autre fenêtre située en face, de l'autre côté d'une cour. — A gauche, au second plan, porte d'une chambre. — Au premier plan, à gauche, une causeuse, chaises, fauteuils. Cheminée à droite, au premier plan, et pendule.

SCÈNE PREMIÈRE.

FRÉDÉRIC, entrant et regardant la pendule. Cinq heures ! l'affaire est pour six heures et Albert n'est pas rentré ! c'est que ce pauvre Édouard a du feu dans les veines. Il voudrait déjà être sur le terrain. (Il va entrouvrir la fenêtre. On aperçoit Édouard écrivant à la fenêtre en face.) Le voilà qui écrit ! je parierais qu'il fait son testament !... (Il referme la fenêtre.) Son testament !... voilà une chose que je n'aurais pas besoin de faire en pareil cas !... cet Albert qui ne revient pas !... Et Mariette, et Claudinette, qui sont parties avec lui !... jusqu'à ce moucheron de Rémy, qui a disparu sans rien dire !

SCÈNE II.
FRÉDÉRIC, RÉMY.

RÉMY, dans la coulisse. Frédéric ! Frédéric ! (On l'entend tomber dans l'escalier.)
FRÉDÉRIC toujours seul. Bon voilà mon novice qui compte les marches !... (Il s'approche de la porte de droite, l'entr'ouvre et dit dans l'escalier.) Dis donc, Rémy, veux-tu une chandelle ?
RÉMY entrant, il est couvert de poussière et paraît très-fatigué. On peut bien faire un faux pas !
FRÉDÉRIC. A preuve ! (L'examinant.) Comme te voilà fait ! Ah ! ça, d'où viens-tu ?
RÉMY. Je viens de Meudon, et je croyais bien ne jamais en revenir !...
FRÉDÉRIC. Qu'est-ce que tu as pu faire pour te mettre dans cet état là ?
RÉMY. Connaissez-vous les douze travaux d'Hercule ?
FRÉDÉRIC. J'en ai ouï parler dans mon enfance.
RÉMY. Oui ! eh bien, ce n'est que de la Saint-Jean à côté de mon voyage.
FRÉDÉRIC. Bah !
RÉMY. Vous allez voir !
FRÉDÉRIC. Voyons !...

RÉMY.
Air : *Rondeau de la garde nationale*
Or donc
On m'envoie à Meudon
Pour un message dont
 La forme expresse,
 Presse !
 Je vais
Droit, faute de quinquets,
Dans un champ de navets
 Où je tombe
 En bombe,
 Temps noir,
Impossible d'y voir ;
Ce qui m'oblige à choisir
Dans plus de vingt ornières.
Le chemin n'est pas bon,
Et me faisant faux bond
Au lieu du bas Meudon,
Me jette dans Asnières.
 J'aperçois,
Dans un affreux bouge,
Un pâle lumignon,
 Et tout s'éteint ; quel guignon !
 Une averse
 Me traverse,
 Me transperce,
 Quand soudain
 La fortune
 Me montre une
 Ronde lune
 Dans son plein.
 Grâce à
Cet éclairage-là,
Je cours, et me voilà
 Gagnant la maisonnette.
Je sonne ; on ouvre, et tout va bien,
 Lorsqu'un énorme chien
Goûte à mon... dos pour rien !

>Je sors,
>Et quand je suis dehors
>J'accoste sans efforts
>Une lourde charrette.
>Un vieux laid sort la tête,
>Et moyennant cinq francs,
>Me dit entre ses dents :
>Allons, montez dedans!
>Pendant que, fier de ma trouvaille,
>Je rêvais le paradis,
>Je m'en allais à Versailles,
>Au lieu d'aller à Paris!
>Avec rage,
>Tout en nage,
>De ma cage
>Je m'en fuis.
>Je barbotte
>Dans la crotte,
>Et je trotte
>Où je puis.
>Lassé,
>Je m'assieds, harrassé;
>Mais au bord d'un fossé
>Toute chose
>N'est pas rose ;
>Enfin paraît le petit jour,
>Et faisant demi-tour,
>Me voici de retour.

FRÉDÉRIC. C'est très-joli, tout ça... mais....
RÉMY. Merci!.. vous trouvez ça joli, vous?..
FRÉDÉRIC. Enfin, ça ne me dit pas ce que tu es allé faire à Meudon!...
RÉMY. Porter une lettre, tout bonnement.
FRÉDÉRIC. De qui, à qui?
RÉMY. De Claudinette à madame d'Esparville...
FRÉDÉRIC. Patatras!.. Nous avions bien besoin d'avoir des cotillons sur le terrain.
RÉMY. Sur le terrain?
FRÉDÉRIC. Parbleu!.. à présent qu'elles ne risquent rien.

>Air : *J'en guette un petit de mon âge.*
>
>Aujourd'hui, les femmes, moins braves
>Que les femmes de l'ancien temps,
>Sans danger, mettront des entraves
>A la fureur des combattants.
>Car elles verront, les malines,
>Entr'eux deux venant se placer,
>Le fer du combat s'émousser
>Sur le fer de leurs crinolines!...

RÉMY. Le fer du combat!.. on se bat donc?..
FRÉDÉRIC. Tiens ! si on se bat!
RÉMY. Qui ça?
FRÉDÉRIC. Édouard et Albert!
RÉMY. En voilà une chance!
FRÉDÉRIC. Tu trouves?
RÉMY. Ce M. Albert surtout. La première fois qu'il vient à la *Closerie*, il fait une conquête, mais une vraie conquête, hein ? et avec ça il a un duel ! C'est trop de bonheur!.. oh! si j'avais un duel, moi, comme je vous embrocherais mon homme !...
FRÉDÉRIC. Ou il t'embrocherait.
RÉMY. Peut-être! oui... mais, c'est égal, quand on me verrait passer, un bandeau sur l'œil ou le bras en écharpe, les femmes diraient : C'est lui! le voilà!.. vous savez bien, celui qui s'est battu l'autre jour avec le grand machin... pour la petite chose !...
FRÉDÉRIC, riant. Ah! ah! ah! ça viendra, va! il ne s'agit que de trouver la petite chose et le grand machin...
RÉMY. Oh!.. pour ce qui est de la petite, il n'y a pas besoin d'aller si loin!..
FRÉDÉRIC. A Meudon, peut-être?..
RÉMY. Riez, riez! ça n'empêche pas que j'ai dans ma poche, là, une petite lettre qui me console de tout!..
FRÉDÉRIC. Si c'est une lettre de change?..
RÉMY. Une lettre de femme !
FRÉDÉRIC. De ta portière?
RÉMY. Avec un rendez-vous.
FRÉDÉRIC. Gare au portier !..
RÉMY. D'une écriture qui pourrait ne pas vous être inconnue !...
FRÉDÉRIC. Tu dis?
RÉMY, montrant la lettre. La voilà.
FRÉDÉRIC. Montre ça?..
RÉMY. Qu'est-ce que ça vous fait?
FRÉDÉRIC. Une lettre de ma portière ! (Frédéric lui arrachant la lettre.) Donne donc!.. (Il regarde l'écriture.) L'écriture de Claudinette!... (Lisant.) « Trouvez-vous ce soir entre dix et onze heures autour des poissons rouges du Luxembourg. J'y serai. Je vous donnerai l'autorisation d'y cultiver ma main — devant notaire, bien entendu — et de plus : »
RÉMY. C'est le de plus, qu'il faut voir.
FRÉDÉRIC. Voyons le de plus..... « Et de plus, je vous charge d'informer M. Frédéric que j'accepte sa démission de candidat à ma foi jurée. »

« Signé : CLAUDINETTE. »

RÉMY. Eh bien?
FRÉDÉRIC. Oh ! mes illusions !!...

Air nouveau de *M. Oray.*

>Palsambleu! savez-vous, ma chère,
>Que mon sang bout en ce moment?

RÉMY.

>Que dites-vous de ma portière?
>Elle n'écrit pas mal vraiment!

FRÉDÉRIC.

>Tous les goûts sont dans la nature
>C'est égal, je suis peu flatté!...

RÉMY.

>Je ne m'étais donc pas vanté !
>Oh! quelle drôle de figure !
>Je ris de sa mine
>Quand je l'examine
>Vraiment, j'imagine
>Qu'il ne me croyait pas si fort!

FRÉDÉRIC.

>Je vois à sa mine
>Quand je l'examine
>Qu'il rit, j'imagine
>Que bientôt il rira moins fort !

RÉMY.

>N'est-ce pas une bonne histoire ?

FRÉDÉRIC.

>Fort amusante en vérité

RÉMY.

>J'en suis fier, vous pouvez m'en croire

FRÉDÉRIC.

>Et moi... donc... j'en suis enchanté!...

ENSEMBLE.

RÉMY.

>Je ris de sa mine ;
>Quand je l'examine
>Vraiment j'imagine
>Qu'il me trouve fort.

FRÉDÉRIC.

>Je vois à sa mine
>Quand je l'examine
>Qu'il rit, j'imagine
>Qu'il rira moins fort.

RÉMY. Qu'est-ce que vous en dites?
FRÉDÉRIC, avec une colère comique. Ah! nom d'une pipe mal culottée, tu veux me supplanter!
RÉMY. Mais, c'est vous qui m'avez dit...
FRÉDÉRIC. Silence, petit!..
RÉMY. Qu'il fallait...
FRÉDÉRIC. Blanc bec!..
RÉMY. Courtiser surtout...
FRÉDÉRIC. Polisson!..
RÉMY. Les amies de nos amis!..
FRÉDÉRIC. Il n'y a pas d'ami, entends-tu, il n'y a qu'un mortel outragé prêt à déchaîner sur toi toutes les furies vengeresses du ciel et de l'enfer, sous la forme d'une demi-paire de bottes, armée d'un pied solide! (Il fait le geste de lui allonger un coup de pied.)

SCÈNE III.

LES MÊMES, PETIT-LOUIS. Petit-Louis entre avec un paquet sous le bras, son chapeau sur la tête et à reculons, en examinant; il cogne Frédéric au moment où celui-ci fait le geste du coup de pied.

FRÉDÉRIC, se retournant. Encore toi? Qu'est-ce que tu veux
PETIT-LOUIS. Vous savez bien ! je vous ai dit cette nuit au bal que j'entrais dès le matin comme garçon dans cet hôtel!
RÉMY. Oui! Et c'est ici que tu te fixes, enfin ?
PETIT-LOUIS. Je me fixe partout, et je ne reste nulle part.
RÉMY. Mais ici?..
PETIT-LOUIS. Ici, ça va être comme ailleurs.
FRÉDÉRIC. Pourquoi?
PETIT-LOUIS, bas. Parce que... (Il regarde les autres à lui mystérieusement.) Je viens encore de voir mon mauvais génie.
FRÉDÉRIC ET RÉMY. Ton mauvais génie?
PETIT-LOUIS. Chut!... Oui... mon mauvais génie! je l'ai vu trois fois; la première fois, c'est un matin, au bas Meudon. Eh bien, le soir même, M. Édouard était blessé, et je quittai la *Bonne-Cave*. La deuxième fois, c'est à l'hôtel de *l'Univer*

é; le soir même, M. Édouard se fâchait avec mademoiselle Mariette, et moi je me disputais avec mon patron, qui n'a s trouvé d'autre moyen de se donner raison que de me ettre à la porte. Enfin la troisième fois...
FRÉDÉRIC ET RÉMY. La troisième fois?...
PETIT-LOUIS. Là, en bas, tout à l'heure, comme je mettais pied sur le seuil de l'hôtel.
FRÉDÉRIC. Ah çà! quelle binette a-t-il, ton mauvais génie?
PETIT-LOUIS. Oh! à l'œil, il n'est pas désagréable; il a la rme d'une belle dame.
RÉMY. Et il se promène comme ça dans les rues tout seul?
PETIT-LOUIS. Ah bien oui! chaque fois que je l'ai vu, il était ms un équipage tout luisant, avec deux grands chevaux ataraçonnés, comme s'ils portaient une châsse, et deux rands laquais tout droits comme deux bougies dans un candélabre.
FRÉDÉRIC. Tu dis que tu viens de le voir?
PETIT-LOUIS. A l'instant.
FRÉDÉRIC. Mais c'est madame d'Esparville!
PETIT-LOUIS. D'Esparville, c'est possible! Pas moins vrai qu'il m'a jeté un sort, car je me suis senti remué depuis la lante des pieds jusqu'à la canicule quand il m'a appelé de a petite voix mielleuse.
FRÉDÉRIC. Elle t'a appelé?
PETIT-LOUIS. Oui, et il m'a dit : « Vous êtes de l'hôtel, mon mi? » J'en suis et je n'en suis pas, que je lui réponds; j'y as pour... « Enfin, puisque vous y allez, ayez l'obligeance... » est qu'il est très-poli pour mieux dissimuler sa perfidie ; e chat qui cache ses griffes.
FRÉDÉRIC. Enfin, quoi? qu'est-ce qu'elle t'a dit?
PETIT-LOUIS. Ayez donc l'obligeance de demander si M. Albert de Brévannes est visible.
FRÉDÉRIC. Très-bien !
PETIT-LOUIS. Mais il n'est pas là, ce M. Albert, à ce que je puis voir?
FRÉDÉRIC. Non, mais descends vite, et vas dire à ton mauvais génie qu'il peut se présenter; amène-le et dépêche-toi, ça ne doit pas aimer à attendre, les mauvais génies.
PETIT-LOUIS. J'y cours, mais j'aurai beau faire, je n'en ai pas pour longtemps, ici. Le sort en est jeté maintenant!... (Il sort.)

SCÈNE IV.
FRÉDÉRIC, RÉMY.

FRÉDÉRIC, à part. Ah ! ma belle dame, voilà une occasion que je ne laisserai pas échapper de vous dire entre quatre-z-yeux ma petite façon de penser!
RÉMY. Dites donc, monsieur Frédéric, vous ne vous gênez pas, vous, de recevoir les dames qui viennent pour vos amis!
FRÉDÉRIC, à part. Une dame de la haute!... Voilà le moment de prendre mon style des dimanches... C'est ma toilette qui n'est pas des dimanches!... Dis donc, petit?...
RÉMY. Petit!... toujours petit!...
FRÉDÉRIC. Est-ce que je peux recevoir avec mon paletot?
RÉMY. Pourquoi pas?
FRÉDÉRIC. Il est un peu négligé.
RÉMY. Otez-le.
FRÉDÉRIC. Si j'avais des gants, seulement! Il n'y a rien qui vous relève un homme comme des gants.. je n'en ai jamais dans ce paletot-là!... Rémy, tu n'as pas des gants, toi?
RÉMY. J'en ai un, mais il n'a que quatre doigts.
FRÉDÉRIC. Au fait, Albert doit en être bourrelé, lui, un homme du monde!... Cherche donc, Rémy.
RÉMY. Où ça?
FRÉDÉRIC. Où ils sont.
RÉMY. Tiens! justement en voilà une paire.
FRÉDÉRIC. Des gants rouges superbes !... Avec ça, je peux aller partout, je suis sûr de ne pas être reconnu.
RÉMY. Ce sont des gants de cheval... voulez-vous aussi les éperons?
FRÉDÉRIC. Toi, je ne te renvoie pas, mais tu vas me faire le plaisir de filer.
RÉMY. Vous avez peur qu'elle ne me remarque, la dame?
FRÉDÉRIC. Tu iras faire un tour dans les environs.
RÉMY. Dans les environs, si je veux.
FRÉDÉRIC. Oui, et puis tu me rapporteras du tabac, hein?
RÉMY. Du tabac, si je veux!
FRÉDÉRIC. Si tu ne veux pas, rapporte-m'en tout de même.
RÉMY. Du tabac... du tabac... dirait-on pas...

SCÈNE V.
RÉMY, FRÉDÉRIC, MADAME D'ESPARVILLE, PETIT-LOUIS.

PETIT-LOUIS, entre le premier, tient la porte ouverte et fait passer madame d'Esparville devant lui. C'est ici, madame.

MADAME D'ESPARVILLE. Merci. Vous dites que M. de Brévannes n'est pas chez lui?
PETIT-LOUIS. Non, madame, mais il y a un de ses amis.
MADAME D'ESPARVILLE, montrant Rémy. Monsieur?
PETIT-LOUIS. Non, non, pas ce petit-là! le grand là-bas, avec de la barbe.
MADAME D'ESPARVILLE. C'est bien! allez!
RÉMY, bousculant Petit-Louis. Ce petit-là aussi?... Tu vas me le payer, toi ! (Ils sortent.)
FRÉDÉRIC, qui a mis un gant. Et d'un!
MADAME D'ESPARVILLE, à Frédéric. Monsieur, vous êtes des amis de M. de Brévannes?
FRÉDÉRIC. Oui, madame.
MADAME D'ESPARVILLE. Pouvez-vous me dire où il est?
FRÉDÉRIC. Je l'ignore totalement, madame. (A part.) Il me va comme un gant!... Quand on est bien fait...
MADAME D'ESPARVILLE. Mon Dieu, monsieur, je suis la sœur de M. de Brévannes; il y a quelques heures, un billet m'a appris que ce matin même il doit se battre en duel. Vous comprenez, monsieur, mon inquiétude, le motif de ma visite précipitée.
FRÉDÉRIC, qui met l'autre gant. Je conçois, en effet, votre inquiétude, madame. (A part.) Celui-ci est plus petit que l'autre. (Haut.) Quant au motif de votre visite, je ne vois pas bien...
MADAME D'ESPARVILLE. Comment, monsieur, vous ne comprenez pas que je dois, que je veux empêcher ce duel?
FRÉDÉRIC. Vous avez pour cela quelque moyen sûr? (A part.) Il est beaucoup plus petit.
MADAME D'ESPARVILLE. Aucun autre que de prier, supplier Albert...
FRÉDÉRIC. Faible ressource, madame; Albert est l'offensé, et toute démarche de sa part est impossible.
MADAME D'ESPARVILLE. Mais alors, que faire?... Savoir que mon frère va exposer sa vie dans une heure, dans un instant, et ne pouvoir rien faire, rien pour l'en empêcher !... Monsieur, vous qui êtes de ses amis, ne pouvez-vous m'indiquer un moyen?
FRÉDÉRIC. Un seul peut-être.
MADAME D'ESPARVILLE. Quel est-il, dites?...
FRÉDÉRIC. Ce n'est pas M. Albert de Brévannes qu'il faut prier, supplier, madame, c'est son adversaire, Édouard de Sivry.
MADAME D'ESPARVILLE. Mais à quel titre irais-je implorer M. de Sivry?
FRÉDÉRIC. A quel titre, madame?... Comptez-vous pour rien le passé?... comptez-vous pour rien l'amour d'Édouard, si malheureusement encouragé par vous?
MADAME D'ESPARVILLE, indignée. Monsieur! vous oubliez?...
FRÉDÉRIC. Au contraire, madame! je n'oublie pas qu'il s'agit de la vie de deux hommes qui, tous deux, tiennent à vous, l'un, par les liens du sang, l'autre, par les liens du cœur!... Cependant, si le moyen ne vous semble pas bon, n'en parlons plus, madame!...
MADAME D'ESPARVILLE. Mais enfin, monsieur, une pareille démarche dans une pareille circonstance, c'est me compromettre ouvertement aux yeux de mon frère, aux yeux de tous.
FRÉDÉRIC. Ah ! voilà le grand mot! se compromettre!... Tant qu'un malheur n'a pas plané sur vous et les vôtres, vous n'avez pas songé à cela, et c'est aujourd'hui... oh!...

Air : *De la sentinelle*.

De doux regards ; des mots qu'on dit tout bas,
La fleur qu'on donne, une main que l'on presse
Oh ! tout cela ne vous compromet pas!
Non, c'en est un jeu que l'on prend et qu'on laisse.
Mais en amour ce jeu peut se changer,
Et faire un mal dont on n'est plus le maître!
S'il faut alors vous déranger
Pour prévenir quelque danger
Vous parlez de vous compromettre,
Vous compromettre!

MADAME D'ESPARVILLE. Il paraît que je suis en jugement et condamnée d'avance. (Elle va s'asseoir.)
FRÉDÉRIC. Eh! ce n'est pas vous que je juge, madame, c'est le monde qui vous fait ainsi... Ce monde à préjugés et à étiquette, qui nous en veut, à nous, de vivre sans gêne, de nous moquer de lui et de ne pas porter de gants ; car nous ne portons pas de gants nous autres!... (S'apercevant qu'il a des gants); c'est-à-dire si, quelquefois, le matin, avant six heures, mais c'est rare, très-rare; ce ne m'a fait pour !...
MADAME D'ESPARVILLE. Quel grand mal vous a-t-il pu faire?
FRÉDÉRIC. A moi ?... aucun, — je le fuis, — mais à ce pauvre Édouard, que j'aime comme un frère. C'est dans le monde qu'il s'est laissé prendre à des séductions innocentes; je le

veux, mais dangereuses, puisque, aujourd'hui, elles mettent en jeu son repos, son bonheur, sa vie peut-être?...

MADAME D'ESPARVILLE. Oh! M. de Sivry m'aimait-il donc tant?...

FRÉDÉRIC. Je ne sais, madame; ce que je sais, c'est qu'il avait mis son cœur entre vos mains et que vous en avez fait un hochet de votre vanité. (Madame d'Esparville se lève.) Je sais que cette passion factice l'a aveuglé, qu'elle l'a détourné d'une autre affection...

MADAME D'ESPARVILLE, avec dédain. Quelle affection!

FRÉDÉRIC. D'une affection qui eût été sincèrement partagée du moins, tandis que vous, vous madame, vous n'avez eu pour lui que des semblants de bienveillance qui cachaient une indifférence profonde! En cela, vous ne vous êtes pas compromise, mais vous avez compromis deux existences qui vous sont sacrées et dont pas une ne peut être atteinte sans faire rejaillir sur vous le remords et la honte!

MADAME D'ESPARVILLE. Assez, monsieur, assez! que faut-il faire?... je suis prête.

FRÉDÉRIC, à part. Allons donc! je puis ôter un gant!... (Il remonte la scène, ouvre la fenêtre. On aperçoit Édouard écrivant en face, puis il redescend et le montre à madame d'Esparville.) Tenez, madame, il est là; il écrit. Parmi ces lettres, il y en a une pour vous, soyez-en sûre, lettre d'adieu, lettre de pardon! Ce pardon, n'attendez pas qu'il vous vienne de lui. Allez le lui demander. Faites entrer dans son âme l'indulgence et l'oubli du passé! Peut-être alors, en obtiendrez-vous aussi un retour sur lui-même qui seul peut prévenir un malheur!... allez, madame, allez!...

MADAME D'ESPARVILLE. Mais mon frère!...

FRÉDÉRIC. Je l'attends; jusqu'à ce que vous reveniez, je ferai, de mon côté, ce que je pourrai pour le disposer à la conciliation!...

MADAME D'ESPARVILLE. Merci, monsieur, merci! (Elle sort.)

SCÈNE VI.

FRÉDÉRIC, seul. Ouf!... ça y est!... je peux ôter l'autre! (Il retire son gant.) Qu'on dise encore que je ne ferais pas un bon avocat? Ce qu'il y a de bien bon, c'est que, si je le suis jamais, je ne plaiderai pas du tout!... Je m'en irai tout bonnement à Béziers, succéder à mon oncle Bichu, qui tient l'hôtel du *Hanneton qui rue.* Voilà comme ça se fait maintenant dans les familles; sitôt qu'on a un fils, on l'envoie à Paris faire son droit; il y vit à tort et à travers, sans rime ni raison, et quand il rentre... on ne tue pas le veau gras!... (Il tire un mouchoir et en même temps sa pipe.) Tiens!... tu étais là, toi, ma vieille!... tu arrives à propos... (Il cherche du tabac.) Ah! bien oui, mais... Ah! voilà Rémy!...

SCÈNE VII.

FRÉDÉRIC, RÉMY, Rémy entre boutonné jusqu'au menton, le chapeau sur les yeux, l'air courroucé, et se promène de long en large. — Frédéric le suit un instant en lui emboîtant le pas, puis s'arrête.

FRÉDÉRIC. Quand tu auras fini, tu me donneras mon tabac, hein?...

RÉMY. Il n'y a pas de tabac.

FRÉDÉRIC. Comment, au coin de la rue Dauphine?...

RÉMY. Il n'y a pas de rue Dauphine!

FRÉDÉRIC. Il n'y a pas de tabac, il n'y a pas de rue Dauphine! qu'est-ce qu'il y a, alors?...

RÉMY. Il y a que j'ai réfléchi!

FRÉDÉRIC. C'est gentil, ça!

RÉMY. Tout à l'heure, vous m'avez appelé petit!

FRÉDÉRIC. Ça a pu m'échapper.

RÉMY. Blanc bec?

FRÉDÉRIC. Je ne dis pas non.

RÉMY. Polisson!

FRÉDÉRIC. Tu crois?

RÉMY. Ce sont autant d'insultes à ma dignité d'homme.

FRÉDÉRIC. Où prends-tu ça, ta dignité d'homme?

RÉMY. Et vous m'en rendrez raison.

FRÉDÉRIC, riant. Ah! ah! ah!

RÉMY. Ah! mais, si vous croyez que vous me faites peur, avec votre grande barbe, vous... et puis, j'ai dix-sept ans, vous saurez ça, je suis un homme; et puis, si je n'ai pas de barbe, si ça ne paraît pas... c'est que je me fais raser deux fois par jour, mes moyens me le permettent!... Et puis, vous verrez, et puis voilà.

FRÉDÉRIC comique sérieux. C'est bien, cher vicomte! vos armes, votre heure?...

RÉMY. Mon heure? Le plus tôt possible, j'ai soif...

FRÉDÉRIC. Moi aussi, je prendrais bien quelque chose.

RÉMY. J'ai soif de vengeance.

FRÉDÉRIC. Moi, c'est de bière!

RÉMY. Quant aux armes, ça m'est égal, pourvu que ce soient des pistolets!...

FRÉDÉRIC. Va pour les pistolets... face à face, à deux cents pas, veux-tu?

RÉMY. Deux cents pas, c'est peut-être un peu loin.

FRÉDÉRIC. On prendra des pistolets plus longs.

RÉMY. C'est moi qui choisirai les armes, alors.

FRÉDÉRIC. Tu en as le droit...

RÉMY. C'est bon.

SCÈNE VIII.

LES MÊMES, ALBERT. Albert entre, il a l'air fatigué, fiévreux.

FRÉDÉRIC. Albert, enfin!

ALBERT. Pardon cent fois de ce retard, mon ami; si vous saviez...

FRÉDÉRIC. Avant tout, dites-moi, qui sont vos témoins?

ALBERT. Vous me voyez au désespoir. Je comptais sur deux de mes bons amis. Je viens de chez eux, ils sont absents.

FRÉDÉRIC. En sorte que de témoins?...

ALBERT. Je n'en ai aucun!

RÉMY, s'élançant. Vous n'avez pas de témoins?

ALBERT. Mon Dieu, non!

RÉMY. Prenez-moi, monsieur Albert, prenez-moi, je vous en prie! (A part.) Témoin, ce sera toujours un petit commencement.

ALBERT. Merci, je ne puis.

RÉMY. Pourquoi ça, puisqu'il vous en faut? Moi ou un autre!... Ça se bat-il, les témoins?

ALBERT. Non, heureusement.

RÉMY. Tant pis! N'importe, pour vous je consentirai à être un témoin qui ne se bat pas.

ALBERT. Mais...

RÉMY. Oh! à charge de revanche... vous serez le mien après.

ALBERT. Le vôtre?

RÉMY. Oui, oui, monsieur vous expliquera cela; moi, je cours choisir des armes.

ALBERT. C'est inutile.

RÉMY. Pas pour vous... pour monsieur et pour moi! Je reviens, attendez-moi, attendez-moi!

Air nouveau de *M. Oray.*

RÉMY.
Lorsqu'on ose m'outrager,
S'il fallait ne pas me venger,
Fût-ce même à coups de canon,
Moi, j'y perdrais plutôt mon nom!

ENSEMBLE.
Lorsqu'on ose m'outrager
S'il fallait ne pas me venger,
Fût-ce même à coups de canon,
Moi! j'y perdrais plutôt mon nom!

FRÉDÉRIC ET ALBERT.
Lorsque l'on ose l'outrager,
S'il fallait ne pas se venger,
Fût-ce même à coups de canon,
Il y perdrait plutôt son nom.

(Rémy sort.)

SCÈNE IX.

LES MÊMES, moins RÉMY.

ALBERT. Des armes? comment? que signifie?

FRÉDÉRIC. Des enfantillages!... parlons de vous. Comment devant vous battre ce matin, n'êtes-vous pas rentré cette nuit?

ALBERT. C'est toute une histoire, ou plutôt un rêve, je suis encore à me demander si j'ai veillé ou dormi depuis hier soir.

FRÉDÉRIC. Mais Mariette, Claudinette, ne sont-elles pas parties avec vous?

ALBERT. Je les quitte à l'instant.

FRÉDÉRIC. Hein? Deux bonnes fortunes?

ALBERT. Singulières bonnes fortunes! On s'est moqué de moi, voilà tout.

FRÉDÉRIC. Comment?

ALBERT. Comprenez-vous cela? m'avoir enlevé hier pour m'avoir promené sentimentalement au clair de la lune pendant trois ou quatre heures, tout cela pour finir par me faire grelottant, chagrin, en face de la réalité brutale, représenté par deux témoins et un adversaire.

FRÉDÉRIC. Souvent femme varie. Il y a là une énigme dont vous ne connaissez pas le mot.

ALBERT. Je crains de le deviner. Mariette n'est ni coquette ni légère. Je n'ai surpris d'elle ni un mot, ni un regard qui pût m'autoriser à une espérance, à une déclaration. Il

...ime toujours son Édouard; elle s'est servie de moi pour faire supposer une infidélité, et maintenant que j'ai joué mon rôle, elle ne songe guère à moi, allez, et l'aventure est bien finie.

FRÉDÉRIC, qui a remonté la scène et s'est approché de la fenêtre, regarde dehors. Vous vous trompez, mon cher, car voici deux cotillons jumeaux qui pourraient bien vous donner un démenti. (Il referme la fenêtre et redescend la scène.)

ALBERT. Que voulez-vous dire?

FRÉDÉRIC. Que je viens de voir passer Mariette et Claudinette, qui viennent ici, ou je me trompe fort. Ah! mon gaillard, votre horizon me paraît beaucoup plus riant que vous ne le faisiez.

ALBERT. Si elles viennent ici, je vous jure que j'ignore quel motif les y amène, mais je gagerais que je n'y suis personnellement pour rien.

FRÉDÉRIC. Chut! les voici.

SCÈNE X.

Les Mêmes, MARIETTE, CLAUDINETTE.

MARIETTE, à part. Il est temps encore.

CLAUDINETTE. C'est nous. Vous ne nous attendiez pas, hein?

FRÉDÉRIC. Moi, surtout.

CLAUDINETTE. Oh! vous ça m'est égal, ce n'est pas à vous que nous avons à parler.

FRÉDÉRIC, l'attirant. Mais moi, j'ai deux mots à vous dire. (Il lui montre la lettre de Rémy.) Qu'est-ce que c'est que ça, hein?

CLAUDINETTE. Ça?

FRÉDÉRIC. Oui, ça?

CLAUDINETTE. Eh bien, ça c'est ce qu'on appelle une pièce à conviction.

FRÉDÉRIC. Justement une pièce à conviction contre vous.

CLAUDINETTE. Oh! le crime n'est pas grand, allez!

FRÉDÉRIC. C'est ce que je saurai.

CLAUDINETTE. En attendant, c'est à M. Albert que nous avons à parler sérieusement, n'est-ce pas, Mariette?

MARIETTE. Oui, si monsieur peut nous donner un instant.

ALBERT. Je suis à vous. (Il s'approche de Frédéric.) Frédéric, voulez-vous aller rejoindre M. de Sivry, vous vous entendrez avec lui sur les conditions du combat.

FRÉDÉRIC. Sans vos témoins?

ALBERT. M. de Sivry est homme d'honneur, n'est-il pas vrai?

FRÉDÉRIC. Sans doute, mais...

ALBERT. Ce qu'il voudra, je le veux, l'heure approche... allez, je vous en prie.

FRÉDÉRIC. Soit! (A Claudinette en lui montrant la lettre.) Mademoiselle Claudinette, la justice informe. (Il sort.)

SCÈNE XI.

Les Mêmes, moins FRÉDÉRIC.

ALBERT. Eh bien, mesdemoiselles, qu'y a-t-il?

CLAUDINETTE. Monsieur Albert, nous avons causé longuement cette nuit.

ALBERT. En avez-vous regret?

CLAUDINETTE. Non, vraiment, mais Mariette et moi, nous ne vous avons pas dit la chose que nous avions le plus à cœur de vous dire.

ALBERT. Et c'est?...

CLAUDINETTE. C'est que nous vous demandons en grâce de ne pas vous battre.

ALBERT. Ne pas me battre.

MARIETTE. Oh! Monsieur! Vous qui êtes si bon, si généreux, ne faites pas cela, ne vous battez pas, et je vous bénirai; je vous aimerai!

CLAUDINETTE. Oui! nous vous aimerons... nous vous dorloterons, nous vous ferons des pantoufles en tapisserie.

ALBERT. Mais c'est impossible, M. de Sivry m'a offensé, toute démarche de ma part serait une lâcheté.

MARIETTE. Que faire, mon Dieu! que faire? Ah! vous avez dit qu'une démarche de vous était impossible; mais si c'était lui, si c'était M. Édouard qui avouât ses torts et vous fit des excuses?...

ALBERT. Si M. de Sivry me faisait des excuses, sans doute je les accepterais... Mais à quoi pensez-vous, Mariette? Pouvez-vous croire qu'il en vienne là?

MARIETTE. Oh! oui, monsieur, il le fera.

CLAUDINETTE. Enfin, que peux-tu faire? Tu ne peux pas lui parler, tu ne sais même pas où il est!

MARIETTE. Je n'ai qu'une lettre de lui à faire parvenir... D'ailleurs, il est là, je le sais; il est revenu dans son ancienne chambre, celle où il a tant souffert, celle où j'ai tant pleuré!... Ouvre cette fenêtre, ma bonne Claudine.

ALBERT. Que va-t-elle faire? (Claudinette va pousser la fenêtre, Édouard est à sa table.)

MARIETTE, qui a retiré sa bague. Chère petite bague! le jour où il l'a donnée à moi, il m'a dit, souviens-t'en, que si jamais de moi tu retournais à lui, tu lui apporterais la preuve de mon infidélité, de mon oubli, et que tu serais le signe de notre éternelle séparation. Va donc, et périsse à ses yeux mon honneur, plutôt que j'aie à me reprocher d'avoir exposé ses jours! (Mariette s'approche lentement de la fenêtre, baise la bague et la jette dans la chambre d'Édouard après le couplet.)

Air : *Mademoiselle Garcin*.

D'un tendre amour en vous rendant ce gage
J'étouffe en moi la plainte de mon cœur,
Mais il le faut, et j'aurai le courage
De tout donner, tout jusqu'à mon honneur.
Pour vous sauver, je perds votre tendresse,
Toute ma vie hélas! en un seul jour!
Ce cher anneau, messager de tristesse,
Vous apprendra qu'un autre a mon amour,
Rappelez-vous : un autre a mon amour!

CLAUDINETTE. Eh bien, tu viens de faire une jolie sottise!... (Elle referme la fenêtre.)

MARIETTE. Je viens de réparer la faute que m'a fait commettre mon orgueil.

ALBERT. Mariette, m'expliquerez-vous ce que signifie tout cela?

MARIETTE. Cela signifie qu'à partir de ce jour j'ai perdu le bien qui m'était le plus précieux, l'amour d'Édouard; qu'à partir de cette heure, je lui ai donné le droit de me mépriser! Mais, du moins, il n'y aura pas une goutte de sang versé pour la pauvre Marianne.

SCÈNE XII.

Les Mêmes, PETIT-LOUIS, puis MADAME D'ESPARVILLE, puis MARIETTE ET CLAUDINETTE.

PETIT-LOUIS. Monsieur de Brévannes, il y a là une dame qui fait demander si vous pouvez la recevoir... madame d'Esparville?

MARIETTE, à part. Elle ici!

ALBERT. Ma sœur?... Qu'elle vienne. (Petit-Louis sort.)

MARIETTE. Qu'on ne nous voie pas ici, monsieur, je vous en prie.

ALBERT. Venez là. (Il les mène à la chambre à coucher.)

MARIETTE, à part. Oh! je saurai... (Mariette et Claudinette sortent.)

ALBERT, allant au-devant de madame d'Esparville. Vous ici, Hélène, à cette heure!

MADAME D'ESPARVILLE. Ne devinez-vous pas le motif de ma venue?

ALBERT. Vous sauriez?...

MADAME D'ESPARVILLE. Vous allez vous battre.

ALBERT. Qui a pu vous dire?...

MADAME D'ESPARVILLE. Qu'importe! je sais tout. Je sais que vous allez exposer votre nom, votre vie pour une de ces femmes dont on fait une reine un jour et qu'on rougirait de saluer le lendemain.

ALBERT. Ah! madame, vous calomniez une personne digne de tous les respects! Et d'ailleurs, Mariette est libre; elle n'a pas, elle, une famille, un frère qui lui puissent demander compte de leur honneur commun!

MADAME D'ESPARVILLE. Que voulez-vous dire?

ALBERT. Je veux dire que M. Édouard n'a pas, sur la liste de ses bonnes fortunes, que Mariette de Brévannes!.. Je veux dire qu'il s'y trouve aussi de grandes dames!... Il en est une qui, au mépris de ses devoirs, de son rang, a encouragé ses assiduités; et, vrais ou faux, certains bruits ont compromis cette femme à tel point, qu'en se battant avec M. de Sivry, M. Albert de Brévannes a moins à venger une insulte personnelle qu'à défendre l'honneur de son nom!

MADAME D'ESPARVILLE. Mais de qui donc parlez-vous, monsieur?

ALBERT. Si vous ne voulez pas comprendre, madame, le prétexte de ce duel, c'est Mariette, la cause, c'est vous!

MADAME D'ESPARVILLE. Moi? Vous êtes fou, Albert! Il semble que vous imaginiez pour votre sœur une telle accusation!... M. de Sivry n'est-il pas de bonne famille, homme d'esprit et de bon ton? Quelle est la femme du monde qui eût pu rougir de le recevoir à ce titre?

ALBERT. M. de Sivry a eu pour vous un sentiment que n'impliquent pas, d'ordinaire, les politesses banales qu'on échange dans le monde.

MADAME D'ESPARVILLE. Pouvais-je l'en empêcher?... Et s'il a plu à quelques jeunes gens curieux de faire courir à ce propos des bruits malveillants, deviez-vous les accepter et ne pas me mettre au-dessus de ces basses calomnies?

ALBERT. Des calomnies! (Mariette et Claudinette paraissent.)
MADAME D'ESPARVILLE. Oui, certes, j'en ai la preuve maintenant; calomnies pour moi, erreurs pour lui!... Je viens de voir M. de Sivry.
ALBERT. Vous!
MADAME D'ESPARVILLE. J'espérais en obtenir une réparation pour vous. J'ai échoué, et, croyez-moi, j'ai pu me convaincre que je ne tiens pas plus de place dans ses affections qu'il n'en a jamais tenu dans les miennes.
MARIETTE, à part. Mon Dieu! que dit-elle?
ALBERT. Mais enfin, ma sœur, le bruit est venu jusqu'à moi que vous deviez épouser M. de Sivry.
MADAME D'ESPARVILLE. Jamais je n'ai dit un mot qui pût autoriser ce mensonge. Je n'ai jamais dû épouser, je n'épouserai jamais M. de Sivry.
MARIETTE. Ah!
ALBERT. Mariette!...
MADAME D'ESPARVILLE. Encore cette femme!
MARIETTE. Édouard libre! il ne l'aime pas!... Mais c'est donc vrai, alors, c'est moi, c'est bien moi qu'il aime! Et moi, folle, qui là, tout à l'heure, viens de me perdre à plaisir!... Oh! malheureuse! malheureuse!
CLAUDINETTE, la soutenant. Calme-toi, tout peut se réparer.
MARIETTE. Édouard me méprise, il me croit perdue, il me croit à un autre!... Oh! c'est impossible! Je veux le voir, le supplier... Édouard! Édouard! (Elle s'élance au moment où Frédéric paraît.)

SCÈNE XIII.

LES MÊMES, FRÉDÉRIC.

FRÉDÉRIC. Édouard ne peut plus vous entendre, Mariette, il est parti.
TOUS. Parti!
MARIETTE. Parti!
FRÉDÉRIC. Je viens en son nom prier M. de Brévannes de recevoir ses excuses. Il renonce à défendre l'honneur d'une femme pour laquelle il n'a plus ni estime, ni amour.
ALBERT. Pauvre Mariette!
MARIETTE. Oh! mais c'est affreux!... Monsieur Albert, dites-leur donc qu'ils se trompent, que tout cela n'est que mensonge, que j'aime Édouard, que je suis digne de lui!...
FRÉDÉRIC. C'est inutile, mademoiselle; il a la preuve du contraire. Il m'a chargé de vous remettre cet anneau, qu'il a brisé pour que vous ne puissiez plus le porter. « Rendez-le lui, m'a-t-il dit, non plus comme un souvenir, mais comme un remords. »
MARIETTE, accablée. Je suis perdue!

ACTE CINQUIÈME

Même décor qu'au premier acte.

SCÈNE PREMIÈRE.

JEAN DUCLOS, PETIT-LOUIS.

PETIT-LOUIS, un paquet au bout d'une canne sur l'épaule. Mon Dieu, oui, patron, j'ai goûté un peu de tous les états... de garçon; j'ai été garçon à l'hôtel...
DUCLOS. À l'hôtel d'un grand seigneur?
PETIT-LOUIS. Non, à l'hôtel de *l'Université*; j'avais tous les jours vingt-deux chambres à faire reluire, sans compter les cabinets...
DUCLOS. Ce n'est rien que ça, quand on est jeune!...
PETIT-LOUIS. Je voudrais bien vous y voir, vous patron, vingt-deux chambres sans compter les cabinets!... Moi, je fondais... je fondais... j'aurais pu m'habiller avec la peau d'un hareng saur!
DUCLOS. Il n'y a pas besoin d'être gras pour être beau; tiens! regarde-moi.
PETIT-LOUIS. C'est égal, quand j'ai vu ça, je me suis fait garçon dans un grand jardin, où on buvait, où on dansait, avec un orchestre composé des premiers artistes de la capitale.
DUCLOS. Tu n'étais pas à plaindre... tu avais la musique tout le temps.
PETIT-LOUIS. Oui, du son, c'est tout ce qu'on me donnait... J'ai été garçon dans un restaurant. On m'a flanqué à la porte parce que je m'assurais, en les goûtant, si les plats n'étaient pas empoisonnés.
DUCLOS. Bah!
PETIT-LOUIS. Mon Dieu, oui!
DUCLOS. C'est étrange!

PETIT-LOUIS. C'est comme ça!... J'ai été garçon de café, garçon de bain... tous les états de garçons, enfin... Eh bien! tout ça voyez-vous, c'est pas le bonheur!... Alors, j'ai pensé à vous, monsieur Duclos, et ma foi! je viens vous offrir mes services, si vous ne m'avez pas gardé rancune.
DUCLOS. De la rancune!... Allons donc! je te pardonne ton escapade.
PETIT-LOUIS. Que vous êtes donc bon, patron!
DUCLOS. Tu ne seras pas de trop pour nous donner un coup de main. J'ai reçu pour aujourd'hui, une commande de vingt couverts. C'est l'équipage de la *Glaneuse*, qui me revient après m'avoir quitté pendant plus d'un an. Un dîner d'adieu, je ne suis quoi!...
PETIT-LOUIS. Bah! l'équipage de la *Glaneuse*?... Je serai joliment content de les revoir tous, ces bons enfants-là!..
DUCLOS. Il me revient à la condition qu'on ne laissera entrer personne, les mariniers surtout.
PETIT-LOUIS. Oh! soyez tranquille, patron.
DUCLOS. Et maintenant, il ne s'agit pas de flâner, car ils ont délégué pour surveiller le service, un certain Rémy...
PETIT-LOUIS. Ah! ah!... je sais qui, un tout jeune, tout doux... un novice... le petit Rémy, enfin...

SCÈNE II.

LES MÊMES, RÉMY.

RÉMY, il sort du cabaret; costume de cabotier, pipe à la bouche; des moustaches, verbe très-haut. Morbleu! sacrebleu! ventrebleu! on est donc sourd, muet, invalide dans cette cambuse?...
DUCLOS. Mais... monsieur Rémy...
RÉMY. Quoi! mais?... voilà une heure que je m'abîme le larynx à vous appeler!... Que diable faites-vous là, gargotier de malheur, au lieu d'être à la queue de la poêle?...
DUCLOS. Mon Dieu, monsieur Rémy, je causais avec une ancienne connaissance...
RÉMY. Où ça, une ancienne connaissance?.. (Voyant Petit-Louis.) Parbleu, c'est ce Cocodès de Petit-Louis!... Eh bien! tu n'as pas fini de me dévisager, comme si j'avais le nez à la place du menton?..
PETIT-LOUIS. Comment!... c'est vous qui êtes le petit Rémy?...
RÉMY. Qui ça, le petit Rémy?... par le tuyau de ma bouffarde! pour ce mot-là, j'ai envie de te casser comme une noix sèche!...
PETIT-LOUIS. Et c'est à vous, ces moustaches-là?...
RÉMY. Décidément je vais te casser... Appelle-moi monsieur Rémy tout de suite.
PETIT-LOUIS. Monsieur Rémy.
RÉMY. C'est bon!... assez causé, mille caboulots!... à la cuisine, maître empoisonneur, et dépêchons!... suivez-moi!
DUCLOS. Je vous suis, monsieur Rémy!
RÉMY. Devant!...
DUCLOS. Je vous suis devant...
RÉMY à Petit-Louis. Et toi aussi!... allons! arrive, clampin...
PETIT-LOUIS. Dire que c'est là le petit Rémy!... (Mariette et Claudinette paraissent dans le fond.)

ENSEMBLE.

Air: *Allons dormir ma belle.*

RÉMY.

Allons à la besogne,
Vite, ou sinon je cogne
Et j'aurai du poignet.
Qu'on manque la friture,
De vous montrer, je jure,
Comme on fait un beignet.
DUCLOS ET PETIT-LOUIS.
Allons à la besogne,
Vite, ou sinon il cogne,
C'est qu'il a du poignet!
Qu'on manque la friture,
De nous montrer, il jure,
Comme on fait un beignet.
PETIT-LOUIS.
Est-ce là ce novice?
Dieu comme il a du vice!
J'en tombe de mon haut!
RÉMY.
Mets ta langue en ta poche
Où je te mets en broche
Comme un certain oiseau!

REPRISE DE L'ENSEMBLE.

(Ils sortent.)

SCÈNE III.
MARIETTE, CLAUDINETTE.

CLAUDINETTE, elle a à la main un carton qu'elle pose sur une table; à part. M. Rémy! Ah! je vais donc savoir... (Haut.) Viens, Mariette!...
MARIETTE. Claudine, pourquoi me ramener ici?... Pourquoi me rapprocher des objets dont la vue m'est douloureuse?...
CLAUDINETTE. C'est de l'homéopathie pur sang, ma chère!... ça te fait mal de penser à la *Bonne cave*?... je t'amène à la *Bonne cave*!...
MARIETTE. Est-ce bien le moyen de me guérir?...
CLAUDINETTE. Infaillible!... je m'y connais un peu en médecine... mon grand-père demeurait à côté d'un pharmacien... tu peux te fier à moi...
MARIETTE. Enfin, pour être venue ici, il faut que tu aies quelque projet.
CLAUDINETTE. Mon Dieu! j'en ai un, qui en est un sans en être un...
MARIETTE. Lequel?
CLAUDINETTE. Devine!...
MARIETTE. Je ne sais...
CLAUDINETTE, montrant le carton. Il y en a d'abord une partie là-dedans...
MARIETTE. Dans ce carton?
CLAUDINETTE. Dans ce carton...
MARIETTE. Et le reste?
CLAUDINETTE, se touchant le front. Là-dedans!... mais il faut encore bien des choses pour que j'enlève mon projet... Ce que je peux te dire, c'est que j'ai rencontré Zoé, par qui je sais que tout l'équipage de la *Glaneuse* doit venir ici aujourd'hui...
MARIETTE. Tout l'équipage?...
CLAUDINETTE. Tout!
MARIETTE. Et elle t'a parlé de nos amis, de M. Frédéric, de M. Léonce, de monsieur...
CLAUDINETTE. Ta, ta, ta!... La voilà partie!... Tu as la mémoire des noms, toi; quel calendrier tu ferais!... si ceux qui les portent étaient des saints...
MARIETTE. N'est-il pas naturel que je m'informe de nos amis, dont nous n'avons pas eu de nouvelles depuis un an?...
CLAUDINETTE. Tout naturel, lorsque depuis un an on pleure... on souffre...
MARIETTE. Je souffrais pour toi, Claudine.
CLAUDINETTE. Et c'est aussi pour moi que tu pleurais...
MARIETTE. Tu n'étais pas habituée à cette existence retirée; travailler tout le jour, vivre toutes les deux dans une petite chambre à Belleville, au bout de Paris.
CLAUDINETTE. Tout cela n'aurait rien été si je t'avais vue peu à peu reprendre du courage et de la gaieté; mais non, tous les jours je te voyais une mine longue comme un jour jocko, et des yeux rouges comme ceux d'un lapin blanc...
MARIETTE. C'est que je pensais...
CLAUDINETTE. Pardine!... Tu pensais à lui...
MARIETTE. A lui!...
CLAUDINETTE. Dis donc que ce n'est pas vrai?... dis-le donc !...
MARIETTE. Puisque tu le sais... Oui, je voudrais l'oublier... et je ne peux pas...
CLAUDINETTE. En voilà un malheur!...
MARIETTE. J'éprouve un amer plaisir à me rappeler tout ce passé qui m'a fait tant de peine... La nuit, dans mes rêves, je l'entends encore prononcer ces chères paroles : Mariette, prenez cette bague, c'est bien à vous que je la donne, et pour toujours.
CLAUDINETTE. C'est vrai que tu rêves la nuit, et tout haut, encore... Aussi je te dis toujours de ne pas te coucher sur le côté gauche... Allons, séchez ces beaux yeux, et puis, pas tant d'indulgence, s'il vous plaît, mademoiselle Gâteau!... A t'entendre, ma parole, je crois que s'il était là! tu lui sauterais au cou...
MARIETTE. Oh! non, Je pourrais lui pardonner son indifférence, Claudine; mais il me semble que je ne pourrais jamais lui pardonner toutes mes larmes...
CLAUDINETTE. Bah! les larmes, c'est de la pluie... vienne un rayon de soleil, et voilà l'arc-en-ciel... On vient... c'est Rémy... Il faut que je lui parle... Sauve-toi... Où est la chambre où tu occupais ici?...
MARIETTE. En haut, derrière la maison.
CLAUDINETTE. Peux-tu y monter sans risquer d'être vue?
MARIETTE. Oui, je le crois, en prenant le petit escalier du jardin...
CLAUDINETTE. Parfait! va m'attendre dans cette chambre; sitôt que j'aurai mes renseignements, j'irai te rejoindre.
MARIETTE. Je t'obéis, mais viens vite!...

CLAUDINETTE. Quelques minutes... Eh! mon projet que tu laisses là!...
MARIETTE. Mais qu'est-ce donc?...
CLAUDINETTE. Tu lèveras le couvercle et tu comprendras, va!...
MARIETTE. (Elle prend le carton.) A bientôt!...
CLAUDINETTE. A bientôt!...

ENSEMBLE.

Air nouveau de *M. Oray*.

CLAUDINETTE.
Je vais savoir
S'il nous reste un espoir
Va, mon projet
N'a d'autre objet
Que de t'ouvrir des horizons charmants,
Un avenir à l'abri des tourments!...

MARIETTE.
Tu vas savoir.
S'il nous reste un espoir,
Oui ton projet
N'a d'autre objet
Que de m'ouvrir des horizons charmants
Un avenir à l'abri des tourments!...

(Mariette sort.)

SCÈNE IV.
CLAUDINETTE, RÉMY.

RÉMY, criant à la porte du cabaret, comme parlant à quelqu'un dans l'intérieur.) Tu m'entends, Cocodès, un litre d'absinthe et trois bouteilles de madère!... Madère pour le féminin; absinthe pour le masculin. Que l'équipage trouve les rafraîchissements tout prêts au débarquement. (Il aperçoit Claudinette, qui lui tourne le dos.) Oh! du sexe faible! (Il s'approche.) Madame ou mademoiselle! femme, fille ou veuve, n'ayant pas celui de vous connaître, permettez-moi de vous dire *celui* que j'aurais à faire votre connaissance.
CLAUDINETTE, se retournant. En vérité, monsieur?
RÉMY, surpris. Claudinette! vous? quoi! lui...
CLAUDINETTE. Tiens! vous avez donc *celui* de me connaître?
RÉMY. Oh! mais, qu'est-ce que ça veut dire?... Où êtes-vous passée?... nous avons-nous plantés là avec assez d'agrément! Ah! nous avons été sur le point de vous faire afficher...
CLAUDINETTE. Afficher!...
RÉMY. Oh! avec une récompense honnête!
CLAUDINETTE. Comme un caniche égaré.
RÉMY. Non, mais comme un bijou perdu... Voyons, dites-moi... où étiez-vous depuis un an?
CLAUDINETTE. Je suis allée voir une de mes amies à Belleville, et elle m'a retenue à dîner...
RÉMY. C'était un grand dîner. N'importe! vous voilà, c'est l'essentiel, car j'avais envie de vous voir à moi tout seul autant que tout les équipiers de la *Glaneuse*.
CLAUDINETTE. Ils sont toujours au complet?...
RÉMY. Avec quelques physionomies changées!
CLAUDINETTE. La vôtre, par exemple?...
RÉMY. Non! mais je veux dire changement d'individus.
CLAUDINETTE. Ah!...
RÉMY. Le principal est celui de M. Édouard, qui abandonne le canot!...
CLAUDINETTE. Il quitte la *Glaneuse*?...
RÉMY. Mieux que cela! il quitte la France, et c'est pour cela qu'il cède son équipage de capitaine à M. Albert.
CLAUDINETTE. Albert de Brévannes?...
RÉMY. De Brévannes! oui, on avait d'abord pensé à m'offrir la succession, mais on a craint que je n'acceptasse pas, et alors...
CLAUDINETTE. M. Albert est donc l'ami de M. Édouard?
RÉMY. Ils ne se quittent pas; ils vont venir ensemble.
CLAUDINETTE. Comment cela s'est-il fait?...
RÉMY. C'est bien simple! Après le fameux duel qui n'a pas eu lieu, vous savez? Eh bien, M. Édouard est parti par le chemin de fer de l'Est, M. Albert est parti par le chemin de l'Ouest, et ils sont revenus ensemble par le chemin de fer d'Orléans. Voilà!...
CLAUDINETTE. Vous connaissez donc aussi M. Albert?
RÉMY. Oh! très-bien! Il me consulte pour ses affaires de cœur; bon garçon, mais trop jeune, il ne connaît pas la vie. Oui, oui, nous sommes très liés; il n'y a pas six semaines, j'ai été à la noce de sa sœur, vous savez, la dame de Meudon, la dame au gros chien?...
CLAUDINETTE. Madame d'Esparville?... Elle est mariée?
RÉMY. Tout ce qu'il y a de plus marié... avec un noble étranger.

CLAUDINETTE. Ah! elle est mariée! (A part.) Mon petit projet va de mieux en mieux. M. Albert a dû tout dire à Édouard... (Haut.) Et monsieur Frédéric, vous ne m'en parlez pas!...
RÉMY. Ah! Claudinette, il lui est arrivé un grand malheur!
CLAUDINETTE. Quoi donc?
RÉMY. Il est reçu avocat.
CLAUDINETTE. Est-ce que ça l'a rendu malade?
RÉMY. Pis que cela !... ça l'a rendu sérieux. Il ne porte plus que des habits noirs... c'est-à-dire un habit noir et une cravate blanche, comme s'il avait plaidé toutes les causes célèbres...
CLAUDINETTE. Il ne viendra pas aujourd'hui, alors?
RÉMY. Si fait, puis nous venons pour un dîner d'adieu, offert à Édouard et à lui; et vous avez eu une bonne inspiration d'être entrée ici. Nous allons donc encore une fois, rire au complet, car vous serez des nôtres, n'est-ce pas?
CLAUDINETTE. Oui, mais je ne voudrais pas qu'on me vît tout de suite.
RÉMY. Pourquoi?
CLAUDINETTE. Pour leur faire une meilleure surprise!... Quand tout le monde sera arrivé, venez me chercher dans le jardin, au bas du petit escalier, nous ferons notre entrée ensemble.
RÉMY. Soit !...
CLAUDINETTE. Je peux compter sur vous?
RÉMY. Comme un portier compte sur ses étrenne

Air : *Le cheval du Brasseur.*

CLAUDINETTE.
Et surtout il faudra vous taire
Jusqu'au moment solennel!
La surprise veut du mystère
Comme le beurre veut du sel.

RÉMY.
Oui vraiment je saurai me taire
Jusqu'à ce moment solennel !
La suprise veut du mystère
Comme le beurre veut du sel.

(Claudinette sort.)

SCÈNE V.

RÉMY, PETIT-LOUIS.

PETIT-LOUIS, il porte un verre, un litre et trois bouteilles. Il aperçoit une femme qui sort en courant. A part. Des rendez-vous, maintenant!... quel gaillard !... (Regardant les bouteilles.) Et tout ça pour lui seul!... Un litre d'absinthe, trois bouteilles de madère, c'est ce que j'ai vu de plus fort !
RÉMY, se retournant. Eh bien !
PETIT-LOUIS. Voilà, monsieur Rémy, voilà : un verre avec l'absinthe et le madère.
RÉMY. Un verre !... C'est vingt, trente verres qu'il me faut.
PETIT-LOUIS. Pour vous seul?
RÉMY. Quel animal ! Oui, pour moi seul.
PETIT-LOUIS, à part. Décidément, c'est ce que j'ai vu de plus fort. (Haut.) C'est bien, monsieur Rémy, je vais vous monter des verres.
RÉMY. Ah ! voilà la bande.

SCÈNE VI.

LES MÊMES, FRÉDÉRIC, habit noir, cravate blanche, etc., LÉONCE, ZOÉ, une ligne à la main, RISETTE, CANOTIERS, CANOTIÈRES.

CHŒUR.
Air nouveau de *M. Oray.*

Gais marins
Boute-en-train
Les canotiers de la Seine
Sont bien vus
Bien reçus
Et toujours des plus cossus
Oui !

LÉONCE.
Dès que le soleil se fait beau
Le canotier se met à l'eau,
Et prenant éponge et pinceau
A son canot fait la toilette,
Puis, nouveau Christophe Colomb
Au loin, il part avec aplomb
Certain, dans un temps bien moins long
De découvrir une omelette!

TOUS.
Gais marins, etc., etc.

ZOÉ.
Afin de se ravitailler
Le canot finit par mouiller,

Et dans un gîte hospitalier
On commande sa nourriture;
En l'attendant, on chante, on rit,
Puis, la bande pousse un tel cri
Que le gargotier ahuri
Fait un plongeon dans sa friture !

TOUS.
Gais marins, etc., etc.

RÉMY.
Au retour on voit le douanier
Qui toujours vient examiner
Si, dans notre canot léger
Rien ne se passe en contrebande ;
S'il surprend un baiser caché
Qui ne lui soit pas déclaré,
Il ne dit mot, mais part fâché
De ne pas être de la bande !

TOUS.
Gais marins, etc., etc.

FRÉDÉRIC.
Aux canotiers on dit parfois
Qu'ils ne sont pas la fleur des pois ;
C'est possible, mais moi je crois
Qu'à notre âge en fait de ressource,
Il vaut encore mieux canoter,
Se mouiller, s'enrhumer, chanter,
Et même un peu se grisoter
Que d'aller jouer à la Bourse!

TOUS.
Gais marins, etc., etc.

(A chaque reprise du refrain, les canotiers se forment en quadrille et dansent un avant-deux. — Pendant le chœur, Zoé ne cesse de toucher le chapeau de Frédéric avec le bout de sa ligne.)

FRÉDÉRIC. Mademoiselle Zozo, vous croyez-vous encore en Seine, et prenez-vous mon chapeau pour une friture?
ZOÉ. C'est pas vous que je vise; d'abord j'ai une ligne de fond, et ça n'a jamais navigué dans vos eaux, ça, les fonds !
TOUS. Crac!
RISETTE. Le fait est que le chapeau compléterait sa collection; elle a déjà pris une tige de botte au pont de Grenelle.
LÉONCE. Et plus loin une peau de chat dont il ne restait que la queue.
ZOÉ. C'est malin ! les goujons ne croient plus à l'asticot depuis qu'il y a un Monsieur qui les élève au biberon.
RÉMY. Aussi, quelle drôle d'idée avez-vous de porter une ligne en canot?
ZOÉ. Tiens ! M. Frédéric porte bien un habit, lui, en canot; la seule différence, c'est que ma ligne m'amuse et que son habit l'assomme.
FRÉDÉRIC. Permettez, permettez! Mon habit m'assomme, c'est vrai; mais dans ma position, je dois sacrifier mon plaisir à ma dignité, et mon habit : c'est ma dignité.
TOUS. Oh !
ZOÉ, à part. Je m'en charge de ta dignité ! (Haut.) Ah ! c'est là votre dignité?
FRÉDÉRIC. Certainement!
ZOÉ. Eh bien !... prouvez-le... qu'il le prouve !
FRÉDÉRIC. Comment!
TOUS. Prouvez, prouvez!
RISETTE. Avocat... à la barre!
TOUS. A la barre! (On apporte une chaise à Frédéric.)
FRÉDÉRIC. Permettez, permettez!...
ZOÉ. Parlez, ou je chante.
FRÉDÉRIC. Elle est sans pitié... Je vais parler... (Il monte sur la chaise, on se groupa autour.)
TOUS. Bravo !
RÉMY, assis sur un petit tabouret devant la chaise. Avo ! avo !
FRÉDÉRIC. Jeu comique en regardant Rémy. Messieurs !
TOUS. Bravo !
RÉMY. Avo ! avo ! (Pendant ce temps, on a placé une table derrière Frédéric. Zoé est montée sur cette table et vise l'habit de Frédéric avec sa ligne. Un des canotiers fait le geste d'attacher l'hameçon au pan de l'habit, et de couper ce pan avec son couteau.)
FRÉDÉRIC, même jeu à Rémy. Tu n'as pas fini d'aboyer?... Messieurs, il y a un proverbe qui dit...
RISETTE. Le lézard est *l'habit* de l'homme.
FRÉDÉRIC. Ce n'est pas celui-là... ça ne fait rien... voilà pourquoi, messieurs, fut inventé l'habit noir, qui était déjà porté dans les temps les plus reculés, sous une forme essentiellement différente... c'est alors, messieurs...
ZOÉ. Ça mord.
LÉONCE. Silence à la tribune!
TOUS. Silence à la tribune!
ZOÉ. On laisse toujours parler les tribunes..... haut!..
TOUS. Crac!
FRÉDÉRIC. C'est alors, messieurs, que le libre échange...

ZOÉ. Ça a mordu!... je tiens une queue de morue... gare à us, l'avocat, gare!.. (Frédéric saute de sa chaise, et son pan d'habit aché à l'hameçon de Zoé, reste suspendu au bout de la ligne.) Ça y est!...
TOUS. Oh!
RÉMY. Enlevé le poisson de mer!...
RISETTE. Vive la ligne!...
TOUS. Vive la ligne!...
ZOÉ. C'est un morceau de votre dignité... quoi!...
FRÉDÉRIC. Oh! mon pan!..
ZOÉ. Mon pan!... Rendez-moi mon pan.
ZOÉ. C'est une économie!.. ça fait qu'en vieillissant, votre habit n'aura qu'un pan de mûr!
TOUS. Crac!
FRÉDÉRIC, éternuant. Bon! voilà que je m'enrhume, Zoé, rendez au moins le contenu, mon foulard des Grandes-Indes.
ZOÉ, tirant de la poche de Frédéric un mouchoir commun.) Oh! le foulard des Grandes-Indes à trois francs la douzaine!.. (Elle le jette à Frédéric.)
TOUS. Oh! le foulard!...
RÉMY. Alerte! voilà notre nouveau et notre ancien capitaine... La haie! la haie!
FRÉDÉRIC. Nom d'un petit bonhomme, mon pan!
RÉMY. Dans les rangs, le civil, alignement!

SCÈNE VII.

Les Mêmes, ÉDOUARD, ALBERT, puis PETIT-LOUIS.

CHŒUR.
Air : *Des soldats de Faust.*
O! capitaine
Tu vas partir
Peux-tu sans peine
Y consentir
Mais tout s'enchaîne
Et par bonheur
Tu laisseras... ton successeur...
De ton absence,
Nos cœurs troublés
Par sa présence
Sont consolés
Et voient mêlés
Plaisir et deuil
Rire à la bouche et larme à l'œil!...

TOUS. Vive le capitaine!...
ÉDOUARD. Merci! mes amis... comme il est de rigueur que l'émotion me coupe la parole, je ne vous dirai rien... Je vous présente tout simplement mon successeur Albert de Brevannes, notre ami à tous!
TOUS. Vive le capitaine!...
ÉDOUARD. Capitaine! recevez l'accolade.
FRÉDÉRIC, à Rémy. Mousse, recevez l'accolade! je te fais canotier... dans mes bras!
RÉMY. Et votre dignité!
FRÉDÉRIC. Je l'oublie... (Il embrasse Rémy.)
ZOÉ. Je me sens quelque chose qui remue là-dedans! Je ne sais pas, au juste, si c'est dans le cœur ou dans l'estomac.
FRÉDÉRIC. Dans mes bras! (Il embrasse Zoé.)
PETIT-LOUIS. Faut-il verser, Monsieur Rémy?
TOUS. Petit-Louis... Ah!.. (On l'entoure.)
FRÉDÉRIC. Petit-Louis! dans mes bras! (Le repoussant.) Ce sera pour une autre occasion!
ALBERT. Allons! vos tristesses vont-elles vous reprendre aujourd'hui?
ÉDOUARD. Ah! mon ami! peut-être vaudrait-il mieux que vous n'eussiez jamais eu la pensée de courir après moi pour me dire tout ce qui s'était passé entre elle et vous! la croyant coupable, je l'eusse méprisée, oubliée! La sachant innocente, je la pleure... je l'aime!..
ALBERT. N'était-ce pas mon devoir? pouvais-je loyalement laisser planer un soupçon sur cette pauvre enfant, que je savais aussi innocente que bonne et dévouée?...
ÉDOUARD. Oui, certes, vous avez agi en galant homme; aussi cette démarche, si délicate de votre part, vous a gagné toute mon amitié.
ALBERT. Eh bien, au nom de cette amitié, renoncez à une chimère après laquelle vous courez vainement.
ÉDOUARD. Une chimère! Non, croyez-moi, cet amour ne doit rien à mon imagination, il est bien dans mon cœur, il le remplit, et rien ne saurait l'en effacer.
ALBERT. Soit, mais pourquoi quitter vos amis, votre pays?
ÉDOUARD. Que sais-je?... Ici, tout me rappelle le passé. Quoique je fasse pour distraire mes souvenirs, l'image de Mariette domine toutes mes impressions et ravive mes regrets... Ah! je le sens, — seuls, la fatigue et le mouvement peuvent endormir ma douleur; et je cherche dans l'éloignement, non l'oubli, mais le repos.
ALBERT. Allons! au moins que je sois le premier à vous souhaiter un bon voyage... garçon... deux verres pleins!
PETIT-LOUIS. Voilà!... Messieurs!
ALBERT. Équipage de *la Glaneuse*, je bois au bon voyage et au prompt retour de notre ami Édouard.
TOUS. A Édouard!
FRÉDÉRIC. Ainsi, vrai! tu nous quittes?
ÉDOUARD. Vrai!
ZOÉ. Vous voulez aussi traverser les mers, vous?..
ÉDOUARD. Il le faut!
ZOÉ. Bon voyage, Monsieur Dumollet!
RÉMY, criant : Ah!...
TOUS. Quoi?.. (Rémy sort en courant).
RISETTE. Qu'est-ce qui le prend?
LÉONCE. C'est le mal de mer.
FRÉDÉRIC. Aurait-il négligé de commander la soupe?...
ZOÉ. Ou bien oublié sa pipe dans la soupière?
RISETTE. Le voilà qui revient!...
TOUS. Ah!
FRÉDÉRIC. Il n'est pas seul... ce n'est pas comme mon pan...
ZOÉ. Une femme accompagne ses pas...
TOUS. Une femme!...

SCÈNE VIII.

Les Mêmes, RÉMY, CLAUDINETTE.

TOUS. Claudinette!
LÉONCE. Claudinette! vous!
ZOÉ. Toi!
FRÉDÉRIC. Elle!
CLAUDINETTE. Moi!
ZOÉ. Où étais-tu? que faisais-tu? d'où viens-tu? Pourquoi t'es-tu tue depuis si longtemps?
TOUS. Oui, pourquoi? pourquoi?
CLAUDINETTE. J'ai voyagé!
FRÉDÉRIC. Ce prétexte est futile.
CLAUDINETTE, le regardant. Ah! qu'est-ce que c'est que ça?
RÉMY. C'est Frédéric, parbleu!
CLAUDINETTE. En habit?
FRÉDÉRIC, montrant son pan. Si peu!
CLAUDINETTE. En vrai habit!... Oh! non, ce n'est pas Frédéric, on l'a changé.
FRÉDÉRIC. Avocat, ma chère... garçon sérieux... défenseur de la veuve et de l'orphelin!
ZOÉ. Il a pris une autre peau, quoi! c'est pour ça que je me suis dit : sur son autre peau... tirons, et... voilà l'objet!
TOUS. Crac!
CLAUDINETTE. Passe pour l'habit, mais le cœur?
FRÉDÉRIC. Changé, ça! allons donc, mauvaise, vous savez bien que c'est une propriété à vous, et l'on n'a pas encore pu vous exproprier.
CLAUDINETTE. Pauvre garçon!
ÉDOUARD, à Albert. Si fait! j'en suis certain; Claudinette sait où elle est, interrogez-la, vous.
ALBERT. Moi, vous voulez?...
ÉDOUARD. Je vous en prie!
ALBERT. Mademoiselle Claudinette, en ma qualité de capitaine, je puis vous demander si vous comptez encore parmi l'équipage de *la Glaneuse*?
CLAUDINETTE. Je l'espère bien, monsieur le capitaine, si *la Glaneuse* veut encore me recevoir.
ALBERT. Ah! de grand cœur... mais à une condition.
CLAUDINETTE. Laquelle?
ALBERT. C'est que vous nous donnerez des nouvelles de mademoiselle Mariette.
TOUS. Oui, oui, des nouvelles de Mariette!
ZOÉ. Voyons, où est-elle, cette académicienne de Mariette?
CLAUDINETTE. Disparue! envolée! Il n'y a plus de Mariette.
TOUS. Ah!
ÉDOUARD, à part. Elle ne veut rien dire.
ALBERT, à Claudinette. Comment?
CLAUDINETTE, bas à Albert. L'aime donc toujours?
ALBERT, de même. Comme un fou!
CLAUDINETTE, de même. De mieux en mieux.
ÉDOUARD, à Albert. Vous le voyez, ce dernier espoir s'évanouit.

SCÈNE IX.

Les Mêmes, PETIT-LOUIS, JEAN DUCLOS, MARTIN, MARINIERS.

PETIT-LOUIS, dans le fond, bousculé par les mariniers. Mais non, c'est impossible!... Je vous dis que non!

ALBERT. Qu'est-ce que cela ?
PETIT-LOUIS, de même. Non, non, le patron l'a défendu !
DUCLOS. Eh bien, qu'y a-t-il donc ?
PETIT-LOUIS. Ce sont des mariniers qui veulent entrer ici de force.
MARTIN, repoussant Petit-Louis. Eh oui ! nous entrerons !
FRÉDÉRIC. C'est ce que nous allons voir !
MARTIN. Oh ! soyez tranquille, ce n'est ni pour du bruit ni pour une querelle.
FRÉDÉRIC. Enfin, que voulez-vous ?
MARTIN. Vous êtes bien là, tous les canotiers de la Glaneuse ?
FRÉDÉRIC. Oui, après ?
MARTIN. N'avez-vous pas parmi vous M. Édouard ?
ÉDOUARD. C'est moi !
MARTIN. Monsieur Édouard... c'est vous... pardon excuse, voilà ce que c'est. Or donc... c'était à seule fin de vous dire que, lorsque il y a un an vous avez été blessé par un des nôtres, nous avons tous trouvé la chose si lâche, que celui-là qui vous a frappé a été comme qui dirait mis au rancart ! et qu'il lui a fallu quitter le pays... Donc nous venons, pour notre part, vous prier de nous faire pardon de cette méchante affaire ; et si c'était un effet de votre bonté, de trinquer avec nous, pour nous prouver que vous ne nous en voulez pas !... là, eh bien, nom d'une pipe, ça nous ferait crânement plaisir !...
ÉDOUARD. C'est bien ! vous êtes de braves gens, je ne vous en veux pas, mes amis, et je trinquerai avec vous de grand cœur !...
MARTIN. Ah ! monsieur Édouard !... tenez, ce que vous faites là, c'est gentil... merci, monsieur Édouard ! (Les mariniers lui serrent la main.)
ZOÉ. À la bonne heure vous avez un nez qui me plaît, vous, mon vieux !... je vas boire à votre santé !...
MARTIN. Vous êtes bien honnête, madame !
ÉDOUARD. Allons ! des verres, et buvons tous à l'oubli du passé...
(On prend des verres.)
TOUS. À l'oubli du passé !
CLAUDINETTE. C'est ça buvons, non pas à l'oubli, mais au retour du passé !... Du vin !... à Boire !... (Trémolo à l'orchestre.)
TOUS. À boire !... à boire !...

CHŒUR.

Air nouveau de M. Oray.

CLAUDINETTE.
Holà ! holà ! holà !
Du vin, du vin
Que l'on nous donne
Sous cette tonne
Le vin qui chasse
Le chagrin.

ENSEMBLE.

TOUS.
Holà ! holà ! holà !
Du vin, du vin
Que l'on nous donne
Sous cette tonne
Le vin qui chasse
Le chagrin,
Pan pan.

CLAUDINETTE.
Ouvrez la porte
Et qu'on apporte
Un joli vin clair et rosé
Comme la treille,
Mais qu'il ne soit pas baptisé
Dans la bouteille.

TOUS.
Holà ! holà ! holà !

MARIETTE, dans la coulisse.
Voilà ! voilà ! voilà !
Oui je vous donne
Sous cette tonne
Le vin qui chasse le chagrin.

(Elle paraît avec son costume du premier acte.)

TOUS. Mariette !

SCÈNE X.

LES MÊMES, MARIETTE.

MARIETTE, versant à boire.
J'ouvre ma porte
Et vous apporte
Un vieux vin qui porte le cœur
À l'indulgence,
Et quand on souffre, du bonheur
Rend l'espérance.

TOUS.
Holà ! holà ! holà ! etc.

ÉDOUARD. Mariette !
MARIETTE. Monsieur, je me nomme Marianne, je suis la cousine du père Duclos, une pauvre fille qui n'a jamais quitté la Bonne-Cave, et ne la quittera jamais.
ÉDOUARD. Votre place n'est plus ici, elle est au milieu de plus riches, des plus heureuses, des plus aimées...
MARIETTE. Qui m'aimerait ?... on ne m'a jamais aimée.
ÉDOUARD. Ne dites pas cela. Si j'ai pu croire un instant que mon cœur n'était pas tout à vous, vous m'avez cruellement puni de cette erreur. Vous m'avez aimé, vous me l'avez avoué, cet aveu, dont ma mémoire berçait mon cœur, a été mon châtiment... Vous, si bonne, aurez-vous le triste courage de briser cette vie que vous m'avez rendue ?
MARIETTE, à part. Il m'aime !
ÉDOUARD. Vous pleurez !... c'est votre cœur qui parle. Ah dites-moi que Marianne n'a pas oublié Mariette, que l'amour de l'une est resté tout entier dans le cœur de l'autre
MARIETTE. Eh bien, oui... monsieur de Sivry, oui, je vous aime !
ÉDOUARD, lui prenant la main. Oh ! merci.
MARIETTE, s'approchant de Claudinette. Mais désormais, tout nous sépare... Tenez, j'ai trouvé sur ma route, un bon ange, une amie, Claudine, qui m'a prise par la main et qui a su écarter de moi toutes les défaillances, toutes les hontes. C'est par elle, monsieur, que je suis restée Marianne l'honnête fille. — Croyez-moi, assez d'autres conquêtes brillantes vous consoleront de n'avoir pu faire celle d'une paysanne. — Et d'ailleurs si vous l'aimez vraiment, vous ne chercherez pas à détruire l'ouvrage de ma chère Claudine, et vous vous direz qu'une bonne action vaut bien le sacrifice d'une maîtresse.
ÉDOUARD. Une maîtresse ! vous ne m'avez pas compris. Claudinette.) Mademoiselle Claudine, j'ai l'honneur de vous demander la main de mademoiselle Marianne.
CLAUDINETTE, émue. Ah ! tenez, monsieur Edouard, ce que vous venez de faire là, c'est... Ah ! que c'est bête !... ça m'a fait pleurer, mais c'est égal, c'est bien, c'est beau !... Monsieur de Sivry, je vous donne ma fille.
ÉDOUARD. C'est trop de bonheur !
CLAUDINETTE. Trop, c'est juste, autant que vous en méritez tous deux.
FRÉDÉRIC. Oh ! sapristi ! je n'y tiens plus !... Claudinette vous êtes un brave cœur. Au diable le code et l'habit noir. Il sont deux choses trop difficiles à faire respecter... Je m'en vas à Béziers succéder à l'oncle Bichu ! Claudinette, voulez-vous être la caissière de l'hôtel du Hanneton qui rue ?
CLAUDINETTE. Vous savez, il me faut de l'air, à moi, du soleil. Est-il bien situé votre hôtel ?
FRÉDÉRIC. En face l'église et tout près de la mairie...
CLAUDINETTE. Va pour le Hanneton qui rue !
ALBERT. Eh bien ! mon cher Édouard, partez-vous toujours pour l'Amérique ?...
ÉDOUARD. Peut-être... mais avec ma femme !...
RÉMY. Ah ça ! tout le monde se marie donc ? Eh bien, moi, qui est-ce qui m'épouse ?
ZOÉ. Faites-vous pâtissier... et on verra !...

MARIETTE, au public.
Air : Rondé du pays Latin.
Ce gracieux roman de la jeunesse
Qu'Henry Murger a si bien raconté,
Tout parfumé d'amoureuse tendresse,
À Murger mort, nous l'avons emprunté ;
Si, voulant rendre hommage à sa mémoire,
Nous avons su nous faire pardonner
Ce large emprunt par nous fait à sa gloire,
Daignez, messieurs, avec nous fredonner,
Voilà comme on vit, etc.

REPRISE DU CHŒUR.

FIN

LAGNY. — Imprimerie de A. VARIGAULT.